重新定义销售

销售不是卖东西，而是帮客户买东西

蔡富强◎著

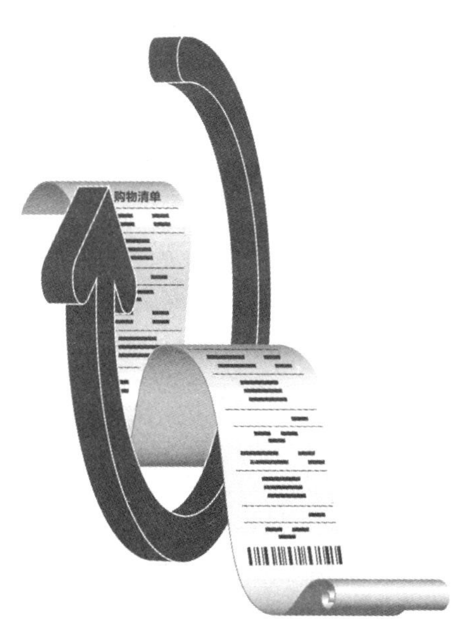

图书在版编目（CIP）数据

重新定义销售 / 蔡富强著. —北京：文化发展出版社，2019.12

ISBN 978-7-5142-2904-2

Ⅰ. ①重… Ⅱ. ①蔡… Ⅲ. ①销售—基本知识 Ⅳ. ①F713.3

中国版本图书馆CIP数据核字（2019）第263441号

重新定义销售

著　　者：蔡富强

责任编辑：侯　铮
封面设计：MM末末美书
版式设计：书情文化
邮　　编：100036
出版发行：文化发展出版社（北京市翠微路2号）
网　　址：www. wenhuafazhan.com
经　　销：各地新华书店
印　　刷：天津旭非印刷有限公司

开　　本：710mm × 1000mm　16开
字　　数：180千字
印　　张：16
印　　次：2020年1月第1版　2020年1月第1次印刷
定　　价：49.80元
I S B N ：978-7-5142-2904-2

前　言

PREFACE

销售的本质是什么?

仅仅是把东西卖出去吗?

相信绝大多数了解销售的人都会给出否定的答案。真正理解销售的朋友都明白:销售其实是一门艺术,关于表达的艺术,关于沟通的艺术,关于运筹帷幄的艺术。销售之路上的每一步,每一个技巧,每一份经验,都浸透了辛勤的汗水。只有真正地掌握了销售规律的人,才能体会到销售所带来的快乐。

在如今这个商品购买渠道多元化的时代,销售工作早已不是过去的那种“门店模式”。坐等客户来买已经成为历史,取而代之的是高难度、高技巧、高专业化的“顾问式销售”。**作为销售人员,最大的任务不再是“卖东西”,而是帮客户“买东西”**。销售员既要考虑到满足客户的需求,又要达到创造利润的目的;既要让不同目的、不同领域的客户满意,又要为公司和个人赢得口碑。

这就注定了如今的销售人员**既需要有心理学家的思维缜密,又要有谈**

判高手的灵活应变、策划大师的运筹帷幄……对于销售人员来说，有时候一个细节的处理稍有闪失就可以让辛苦跟踪的订单化为泡影。要想取得好的成绩，销售人员必须将每一次销售做到**最精、最细、最实、最密。没有最好，只有更好，**销售人员要时刻注意努力提升自己的销售技能和推销水平。只有这样，才能在越来越激烈的市场竞争中，打造出属于自己的核心竞争力。

本书立足于实践，着眼于细节，从接触客户的第一步开始，一直到成交之后的客户维护，力求做到剖析销售过程的每一处细节。无论是搜集和挖掘客户资料，还是具体销售活动中与客户的沟通技巧，本书都做了具体详细的总结和分析。同时，对于销售人员在销售过程中的各种情境，本书也有针对性地介绍了各种方法和技巧，内容全面而且实用。其中包括销售人员塑造自身形象的技巧、用产品说服客户的技巧、与客户沟通的技巧、展示与介绍产品的技巧、回答客户提出异议的技巧、建议客户购买与促成交易的技巧和售后跟踪服务的技巧，可以说是事无巨细，包罗万象。

希望每一位销售人员，无论是初入销售行业的新手，还是在销售行业拼搏多年的老手，都能够从这本书中找到有用的东西，有所收获。这是笔者唯一的目的和最大的心愿。

目　录

CONTENTS

第 1 章　理念修订

——为客户提供最佳购买体验，才是销售存在的根本意义

销售的意义不是买卖，而是服务。这是需要每一位销售人员都要牢记和遵守的。通过提供优质的服务，为客户带来最适合的产品、最大化的价值以及最佳的购买体验，这才是销售的真谛和价值所在。

第 2 章 认知纠正

——销售的最终目的绝不是坑人利己，而是互惠互利

在日常销售中，销售人员无论是面对客户，还是面对同事，甚至是竞争对手，都要明白竞争的意义在于互惠互利，而不是你死我活。虽然很多时候我们都说，只有破釜沉舟，背水一战，才有可能获得最终的胜利，但是对于激烈的商业竞争来说，双赢才是销售的最高境界。

第 3 章 角色重塑

——销售人员的真正角色是辅助者，并不是决定者

成交率的高低是决定销售人员水平的重要指标。要提高成交率就要努力完成自我提升，必须从告知型销售转变为顾问型销售。不是以销售人员的身份出现，而是以该行业专家顾问的身份出现；不是以卖给客户产品为目的，而是以协助客户解决问题为目的；不是以自己的脑袋去想，而是用客户的头脑去想，成为客户的决策顾问。

第 4 章 思维换位

——销售需想客户之所想，方能抓住客户需求之所急

真正优秀的销售员不会直截了当地向客户推销产品，而是站在客户的立场帮助其选购产品。他用自身的言行举止向客户传达这样一种信息：我是在为您谋利益，而不是为了获得您口袋中的钱。要达到这种境界，就必须找到攻心的切入点。可以说，销售是一场心理博弈战。谁能够读懂并且掌控客户的内心，谁就能签下订单。

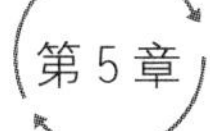

第 5 章 信任连接

——让客户觉得你靠谱，他才会试着接受你的建议

正所谓“物以稀为贵”，当大多数销售人员都在玩弄技巧时，没有技巧反而就是技巧。当大多数销售人员都在耍手腕时，最诚信、最坦率、最细致的服务就成为一种最前沿的销售理念。学会坦率做人的态度，比掌握高明的推销技巧更加重要。没有坦率的态度，再巧妙的推销手段也只能流于表面，无法打动客户的内心。

第 6 章 无碍沟通

——销售如果这样说，客户必然认真听

“销售即沟通”——明白这句话含义的朋友，大多对于销售有了比较深刻的体会和理解。在普通人的眼里，这种“沟通”可能仅限于对话问答，但是在一个销售高手的眼里，“沟通”却有着更加深刻、更加丰富的含义。

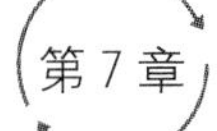

第7章 关系推进

——与客户建立深层关系，让他对你心有所依

做客户，其实就是做关系。关系不到位，就很难打开客户的心，更不用说打开销路了。作为销售人员，学会布局和推进与客户之间的关系网，是提升销售能力和销售业绩的重要技巧之一。如何与客户建立起最佳合作关系，答案不在产品，而在于我们对于人情世故的把握。

第8章 障碍破解

——疏通客户内心疑虑，为客户购买提供有力依据

客户的内心疑虑是阻碍成交的最大障碍。要想破解它，就必须要有消除客户疑虑的亲和力和影响力。帮助客户消除购买心理障碍，促成交易，这是销售人员的使命。要想成为一名优秀的销售人员，就一定要时刻牢记使命。

第9章 致命吸引

——突出产品价值，对客户制造致命吸引力

产品对于客户唯一的吸引力不是产品，而是产品所蕴含的价值以及是否能满足客户的需求。这就需要我们具有洞察客户真实想法和需求的能力。只有具备了这样的洞察力，才能够有的放矢，有针对性地向客户展示产品特点，从而激起客户的“购买欲”。

第10章 完美成交

——当客户无法做出购买决定时，我们就是最佳帮手

统计显示，向一个新客户推销新产品的成功率是15%，而对于一个老客户而言差不多能达到50%，60%的新客户来自现有客户的推荐。从数据上来看，销售不是一件容易的事情。这就更需要珍惜和维护好老客户。销售是一个循序渐进、持之以恒的过程。销售员与客户就像夫妻过日子一样，需要花大量的时间和精力慢慢地去培养感情。双方感情的建立，靠得是相互理解、信任和持续地付出……

理念修订

——为客户提供最佳购买体验，才是销售存在的根本意义

销售的意义不是买卖，而是服务。这是需要每一位销售人员都要牢记和遵守的。通过提供优质的服务，为客户带来最适合的产品、最大化的价值以及最佳的购买体验，这才是销售的真谛和价值所在。

记住！销售的本质依旧是服务

正所谓“成交始于服务”，是销售界的一条重要法则。这就意味着，作为销售人员**将产品卖出并不等于成功**，重视服务，将客户留住，才是销售的价值所在。

在如今这个销售渠道极为丰富的时代，产品的同质化竞争日趋激烈。客户要求的已经不仅仅是产品的优异质量，还包括高质量的服务。**谁的服务做得好，谁的订单才能源源不断**。为此，作为销售人员一定要树立这样一个观念：除了保证产品质量和性能好之外，还要竭尽全力地做好产品服务。

其中的道理很简单，比如给你一道选择题：一个销售员的产品尽管贵一些，但服务不错，另一个销售员的产品便宜，但服务没保障，你会选择哪一个销售员的产品呢？相信，绝大多数人会选择前者。从客户内心感受的角度来说，好的服务甚至比产品更重要，因为服务可以给客户带来满足感。只要服务到位了，客户就会心满意足，也就意味着下一次销售的开始。

某小区附近有两家饭店，主打的菜品种类都差不多，消费也是同等水平，就连环境装修也非常相似，是地道的四川风格。可以说，这两家饭店的竞争实力是势均力敌。

但出人意料的是，甲饭店没有多久就贴出了“转让”的启事，而乙饭店则生意越来越红火，还在第二年扩大了店面，对装修进行了升级。为什么会出现这样截然不同的结果呢？

究其原因是服务理念和销售理念方面的差异。甲饭店距离小区大门比较近，一开始大部分人都会就近选择这家饭店。尤其是带着孩子的家长们，往往图方便而选择这一家。但是，很多人去了没几次，就再也不会光顾甲饭店了。

我们都知道，家长带着孩子去吃饭，通常都是先把孩子喂饱，然后自己再慢慢地吃。但是，孩子耐心比较差，又坐不住，免不了到处玩耍。面对这种情况，这家饭店的服务员却表现得非常差，甚至还时常和孩子家长发生冲突。

有一次，一个四岁的小朋友跟着家长到这里吃饭。吃完饭后，小朋友就自己一个人跑来跑去，洗手、上厕所、晃椅子玩……尽管家长多次地提醒和教育，孩子还是有些淘气。这时候，家长也开始变得非常烦躁，想要早点儿吃完饭，好好地管束孩子。

谁知这里的服务员竟多次拉着脸责问家长：“请看好你的孩子，否则，出了问题谁负责呢？”“您就不能看好自己的孩子吗？出了问题，我们可承担不起！”这让家长非常地反感，因为他们已经尽力管教自己的孩子了。

后来，这个家长带着孩子去了一次乙饭店。一进门，服务员看到家长带着孩子，便关切地问："您好，需不需要给您的宝宝准备一个餐椅呢？"

家长觉得服务员想得很周到，而且孩子在餐椅上吃得也比较开心。等孩子吃饱后，又想到处玩耍。这时候，一位年轻的女服务员过来了。她把孩子带到了饭店角落的儿童玩具区玩耍。那里是一个小型的游乐场，有木马、积木、滑梯……

这一次，孩子玩得非常开心，而那位女服务员把孩子照看得非常好。这位家长感受到了不一样的贴心服务。

如果是你，会选择哪一家饭店呢？答案是不言而喻的。而哪家会经营不下去，哪家会生意兴隆，结果也是非常明显的。所以，想要吸引客户，并且促成交易，销售人员就必须重视服务，帮助客户**解决实际困难和疑惑，**从而给客户**带来好的体验。**

作为销售人员，不要抱怨找不到推销的机会，也不要抱怨客户的心理难以捉摸。不妨好好地沉下心来，从服务的角度思考一下客户的感受，比如客户在因为什么而困惑，客户遇到了什么问题和麻烦……只要抓住了客户的这些"痛点"，有针对性地提供服务，并且最终帮助他们解决问题，那么自然就可以找到销售的机遇。

那么，在给客户提供服务的过程中，作为销售人员应该如何提升自己的服务水平和档次呢？我们不妨从以下几点入手。

1. 热情待人是服务客户的前提。

对于一个销售员来说，**热情能让客户感到你与他是一种朋友关系，而不是销售员跟客户的关系。**热情往往能带来幸运，因为人们都喜欢和充满热情的人在一起。一个销售人员如果在服务客户时缺乏热情，面无表情，冷冰冰的像机器人一样，那么谁也不愿接近他，更不用说购买产品了。

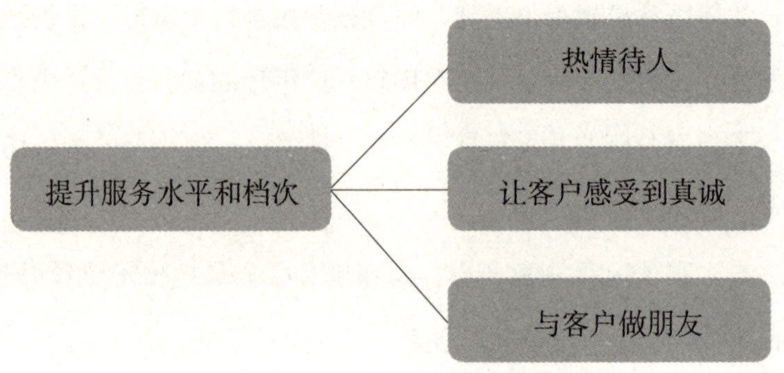

图 1.1　提升服务水平和档次的策略

2. 让客户感受到真诚。

在与客户沟通的过程中，我们不妨多说话，展示自己真诚的一面，不要怕说错话。口才和谈吐不是天生的，每一个销售员都是在与客户不断的交流中历练出来的。和客户说话可以获取客户的很多想法，总结很多经验。哪怕仅仅是和客户聊天，也能够增进你与客户的感情，因为他能感受到你的真诚。

3. 与客户做朋友。

作为销售人员，要建立一种理念，即你怎样对待自己，就怎样对待自己的客户。销售人员与客户成为朋友，主要是因为双方首先有利益关系的存在。因此，这种友谊首先是建立在一种合作的基础上。在这种关系中，销售人员一定要把握好一个度，既不能让客户觉得我们的目的性太强，又不能完全放弃目的性，毕竟要靠客户给我们带来效益。如何平衡其中的关系，这也是一门很深的学问。

总之，对于销售人员而言，“服务”二字的意义还在于它是没有终点的。只要你有一颗为客户服务的心，就永远能够找到新的销售机会。那么，聪明的你，准备好为客户服务了吗？

所有产品的出现，都是为了给客户带来价值

作为一名销售人员，在向客户推荐自己的产品时，应该利用一切可能的机会去凸显自己产品的价值。因为这样做带来的好处就是：在介绍产品特点的同时，也间接凸显了产品对于客户的价值所在，可谓一举两得。因为很多时候，对于产品价值的描述和解读有很多角度可选。**针对客户的特点和需求，选择适合的角度和着眼点来介绍产品，往往会令产品瞬间提升价值和品位**，同时也给客户提供了一个选择产品的理由，何乐而不为呢？

如今的市场上，同一类产品的各种品牌层出不穷。这就让客户在购买产品时有了不少选择的余地。大多数时候，在决定购买之前，客户都会综合对比各个品牌的产品，心中反复地进行衡量，计算购买产品的成本与产品带来的价值。很显然，在产品定价和客户付出的成本一样的情况下，谁家的产品能够给客户带来更高的价值，客户就会选择购买谁家

的产品。

我们都知道，一件商品的价值并不仅仅是由其物理属性决定的，更多的是由产品自身的附加属性决定的。不管这个商品的实际价值是多少，关键要看客户心中对这个商品的价值认知，也就是客户认为它值多少钱。所以，我们完全可以**在不提高商品定价的情况下，提高客户购买的价值，从而促成交易。**

这一天，王波来到一家经常光顾的寝具店选购枕头。按照消费预算，他的选择是百元左右的荞麦枕头。但这里的销售员没有一上来就给他介绍荞麦枕头，而是说新到了好几款枕头，并询问王波买枕头主要给谁用。

“我最近睡不好，想买一个舒适的枕头。”王波回答。

“知不知道原因呢？”销售员问道。

“颈椎不好，睡不踏实。”王波回答。

销售员想了一下，拿出来一款乳胶枕头：“荞麦枕头冬暖夏凉，很舒适，但您可以考虑一下乳胶枕头。这种枕头结合力学、人体工学设计，40度仰角，符合头颈部的生理曲线，而且弹性佳，不易变型，可保证舒适睡眠一整夜。”

王波看了一会儿，追问道：“我妻子最近工作压力大，上火，也睡不好，能用这种枕头吗？”

“能用是能用，但效果不太好。”销售员摇了摇头，“给您推荐一款茶叶枕，茶叶有降火清热、安神镇静的作用，清新的茶叶香味更易催眠。”

后来，王波又提到年迈的父母也需一款舒适的枕头时，销售员又推荐了一款决明子枕头，并且说决明子种子坚硬，可以对头部和颈部穴位进行按摩，对脑动脉硬化、心血管等疾病均有辅助治疗作用。

乳胶枕头一千多，茶叶枕三百多，决明子枕头八百多，虽然价格比较贵，严重超出了王波的预算，但为了让家人拥有一个好的睡眠质量，身体健健康康，他觉得非常值。结果王波花四千多元买了几个枕头。

可能有很多人会提出疑问：到底有多少人愿意在买枕头的时候花这么多钱？其实还是有很多人愿意花这笔钱的。当一件产品能够给客户带来价值的时候，它的价格就不再是问题了。很多时候，销售人员一旦抓住了客户对于产品价值的期待，进而把产品的使用价值详细地展示出来，客户就会觉得自己即使多付出了一些金钱也是非常值得的。

从心理学角度讲，**人们在购买产品时会根据产品在自己内心体现出来的价值做出取舍和选择**。这也是大多数人的一种消费习惯。所以，销售人员在介绍产品时，要从产品对于客户所具备的实际价值出发，有侧重和针对性地去介绍。

任何产品都有它的优点和缺点。销售人员在推销产品的过程中，要尽量去美化优点，淡化缺点，利用不同客户的不同需求，灵活地介绍产品。当然，这并不意味着我们在销售的过程中要刻意地隐瞒产品的缺点，而是应该**重点介绍产品的价值所在，**将产品的任何一个优点、细节都要介绍到位，让客户充分地了解产品每一个方面的价值。这样才有利于在客户心中建立产品的优秀形象，才有助于促成客户的最终签单。

首先，销售人员一定要懂得**突出产品所独有的优点**。

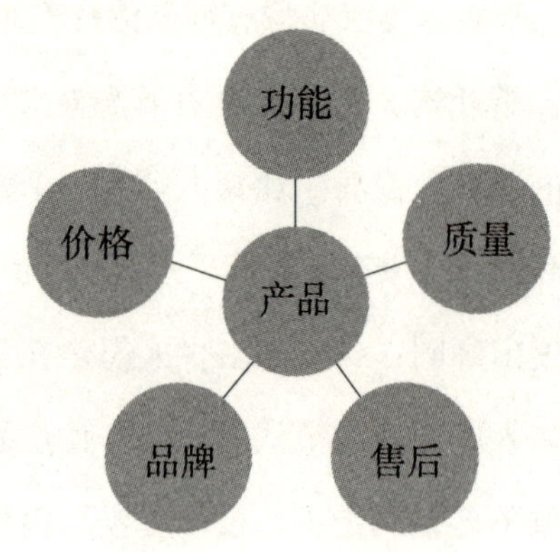

图 1.2　产品优点分类

通常来说，客户关心的产品优点分类总结起来不外乎以下几点，即**功能、质量、售后、品牌、价格**。我们在从这些方面总结产品优点的时候，要重点突出人无我有的产品优点。

例如，销售人员在介绍电动车电磁刹车的好处时，可以强调："前后轮同时刹车，可以保证刹车时车子行进轨迹的笔直，刹车的时候不前倾，不甩尾，不侧滑，不侧翻，下雨天、下雪天不容易摔跤。"这样就直接突出了与其他品牌比自己的产品所独有的优秀特性，也体现出了产品特点对于客户的价值所在。

其次，要学会挖掘产品的优点和价值。

通常来说，每一位客户在做出购买决定之前，都会问自己一个很重要的问题："它对我什么好处？"客户不是因为你的产品质量好才买。其最根本的原因是，**产品会给客户带来好处，带来价值和利益**。因此，销售人员在说明产品优点的时候，不仅要说明产品的质量好、功能多，更要说明它给客户带来的好处，即将产品功能转化为客户的利益。

很多情况下，产品对于客户来说，往往具有许多不同的功能和效用，而产品的优点对于客户也有着不同的意义。例如，在销售高档产品时，要抓住高档产品**象征地位的效用**（可以彰显使用者的身份、地位）等特点，可以用“这种产品最适合您的身份和地位”等销售话术来转化产品的优点，从而刺激对方的购买欲。再比如，对于想要购买产品用于休闲娱乐等享受的客户，我们一定要把产品**享受的效用**（比如能听音乐、玩游戏、上网、学习等）转化为产品的优点，再介绍给客户。这样客户往往更容易接受产品。

此外，有些产品可以**满足人们的虚荣心**，则在介绍产品时重点向客户灌输“多花点儿钱值得”的思想。那些可以为使用者创收的产品，销售人员则要针对客户的心理，结合具体的例子，给客户提供具体的数字，这样可以更加详尽地说明客户在使用该产品之后，可以为其带来多大的收益。

总而言之，作为销售人员，我们必须明白，每一件产品的设计制造，都包含着产品设计人员的思路在里面，针对什么样的客户，实现什么样的功能，都有其设计目的和价值。任何一件产品都不是随意设计出来的。因此，**每一件产品都必然有其优点，关键要看销售人员如何去挖掘，如何去发现，如何把产品的优点转化为客户眼中的价值。**

为客户解决购买需求，才是销售存在的理由

心理学研究表明，**人们的购买行为首先是由需要开始的，由对某一产品的需要而产生购买动机**。购买动机是指能够引起人们的购买活动，推动人们去满足某种需要的念头和欲望。要想实现成交，就必须首先了解客户的购买动机，也就是说要知道客户是在什么思想支配下做出购物选择。

作为销售人员必须要明白的是：客户不会仅仅因为产品或价格而付钱，客户永远是为他的需求而付钱！从这个角度来讲，销售实际上是一个**分析需求、判断需求、解决需求、满足需求**的过程。所以，销售工作，并不仅仅是进行一种产品的销售，而是针对客户的需求进行的销售。

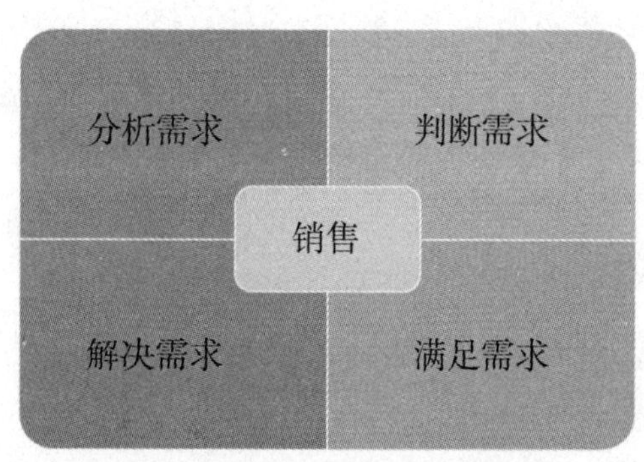

图 1.3　销售过程的构成要素

日本人非常喜欢各种面，从二战前开始，乌冬面店、荞麦面店等就在日本盛行。战争过后，日本受战败影响经济衰退，国民饮食条件也变得十分恶劣。这时，中式面条因为价格便宜、卡路里含量较高而受到人们的喜爱。

可是，每次为了吃到美味的面条，他们都需要在饭店面前排长长的队，不管是寒冬腊月，还是酷暑时节。日本人也是出了名的爱惜时间，他们几乎每天都是跑着去坐地铁，去工作、约会。于是，有些人时常抱怨说："每天排长队去吃面条简直是太浪费时间了。我们在其他事情上争分夺秒，节省出来的时间竟然全部浪费在这上面。难道就没有两全其美的方法吗？既能够让我们吃到美味的面条，又可以让我们节省时间？"

这时，一位名叫安藤百福的人也关注了这个问题。他认为这是很多客户的需求，而且这个客户群还非常庞大。如果谁能够抓住这个商机，肯定能获得一大笔财富。

经过不断地实验，他终于研发出一款简单易熟的面条，用热水一泡就可以吃了，省时又美味。这就是最初的方便面，而方便面一经问世就成为全世界最流行的食物，深受广大客户的喜欢。

无独有偶，索尼的创始人井深大先生年轻时十分喜欢听歌剧，只要有时间就会用录音机来收听歌剧。但这有一个缺陷，那就是受到了地点的限制，不能随时随地地收听。因为拎着一只庞大的录音机走来走去实在是太麻烦了。

有一次，井深大先生和同事盛田昭夫抱怨这个问题。盛田昭夫灵机一现，就研发出了一款迷你录音机，这就是之后风靡全世界的随身听

（Walkman）。小小的录音机，方便携带，音质也很好，满足了喜爱听音乐的客户的需求，所以很快就供不应求。

所以，**成功的销售都是建立在满足客户需求的基础上**。我们在与客户的沟通中，一定要抓住这个关键点，尽量给客户带来**最新、最好的体验和感受**。如此一来，客户的需求才能成为我们的商机，才能让我们实现成交的目的。

从客户的需求出发，是最有效率的销售办法。这样的方式通常比销售人员喋喋不休地介绍产品优势、价格的优惠更有效。我们要知道，销售的核心是客户，我们要以客户为中心，而不是以自己的产品为中心，更不能以自己的业绩为中心。

作为一个销售人员，应该学会把握客户不同层次的需求，有针对性地进行“立体式”销售。当你了解了客户的内在心理需求后，你就可以真正成为客户的“顾问”，根据客户需求的不同，顺势引导，这样就能够减少客户的反对意见，让客户信任你，愿意听取你的建议。

在与客户沟通的时候，我们应该对客户的意见表示尊重，并尽量让客户体会到我们对他的重视。了解客户的需求，目的不是让他买东西，而是让他清楚通过什么方式能够满足自己的需求。只有这样，你才能顺理成章地获得客户的配合。我们可以通过以下方法获悉客户的心理需求。

第一，资料挖掘。

搜集资料，了解客户过去的产品使用历史、愉快或不愉快的采购经历、兴趣特长及个人梦想，分析其需求。

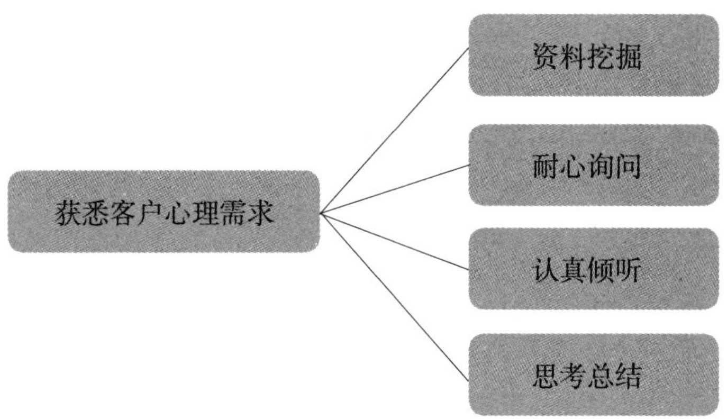

图 1.4　获悉客户心理需求

第二，耐心询问。

销售人员应多创造与客户接触的机会，在介绍产品前，应主动询问客户遇到的问题，并帮助其解决。

第三，认真倾听。

在客户的回答和表述中总会包含着一些对销售有用的信息，我们应该听完之后再做解释，不能打断他。你要记住客户所说的话，并不时地点头或用简短、易懂的语句表示你正在认真听并理解了。对于不清楚的地方，你完全可以礼貌地请客户再讲一遍。

第四，思考总结。

客户对产品的了解往往会有一定的局限性，不一定能够准确地表达他们的真实想法和心理状态。而且，我们所掌握的客户资料也可能比较片面，不能完全反映客户真实的需求。因此，销售人员需要通过思考、分析，找出客户的真正需求。

总而言之，在与客户沟通之前，我们必须弄明白一系列的问题，即**客户买东西是为了什么，客户有什么要求，客户有什么麻烦和困难，等等**。了解了以上这些需求，我们就能够对客户的各种需求有全面的把握和分析，从中分析出客户真正的购买动机。

别等客户找你，主动寻找并帮助有需要的客户

很多时候，销售的成功与否，并不仅仅是单纯的推销问题，而是一个营销的问题。特别是市场推广工作或者人际关系公关不到位的话，对于销售过程和结果的影响是非常大的。也就是说，销售人员不能坐等客户上门，而是应该**主动去寻找客户，挖掘有需求的客户群体**。那么，我们应该怎样去寻找和建立自己的销售网络呢？

某运动鞋公司负责拓展销售渠道的销售员小耿，早起晚归地拼命跑业务。然而，让人很无奈的是，他的销售业绩一直平平。眼看部门里别的同事都跟许多专卖店建立起了合作关系，隔三差五地接单，小耿看在眼里，急在心里，寝食难安。

由于平日里将大部分精力都放在了工作上，小耿觉得自己缺少锻炼，身体状况每况愈下。一天晚上，他下班的时候路过广场，看见有许多人在

跳广场舞。他突然想到，这不就是锻炼的好机会吗？于是，跳广场舞的阿姨们中间多了一个年轻的小伙子。

由于小耿在工作中练就了好口才，而且他具有很强的亲和力，很快就和阿姨们打成了一片。当阿姨们得知他是运动鞋企业的销售人员时，马上就来了兴致，开始围着他问东问西。在小耿的详细介绍下，当场就有不少阿姨表示自己很难买到称心如意的运动鞋。小耿眼前一亮，心里马上有了一个新的计划。

首先，他详细地了解了一下，这座城市跳广场舞的人群比较集中的地方都有哪些。然后，他以广场舞的场地为中心，开始寻找适合合作的运动鞋商店。他与店主洽谈合作事宜，上架自己公司的品牌运动鞋，并且承诺帮助店主提升销量，说白了就是**“我放的货我帮你卖”**。这样一来，店主们纷纷同意与小耿合作，签下了合同。

随后，小耿每天晚上就化身“广场舞小伙”，与一帮大爷大妈们打得火热。他还带上了自己公司的运动鞋样品供大家试穿体验。同时，他还为这些潜在客户义务讲解和介绍一些运动装备的小知识，颇受大家欢迎。很多人当场就表示想要购买他的运动鞋。这时候，小耿就拿出距离最近的合作店的名片，把合作商介绍给大家。从此，合作店铺的生意就火了起来，小耿也非常顺利地完成了销售渠道的拓展任务，可谓两全其美。

其实，作为销售人员，除了工作之外，不管是休闲娱乐，还是其他的时候，你所接触的人群中一定会有你的潜在客户。在生活中，**只要肯用心挖掘，那就一定能够找到新的销售机会。**

除此之外，作为销售人员，在日常工作中不能停留在客户有问题就帮助分析等简单的服务形式上，应该主动地去了解客户的问题和需求，并帮助客户分析、解决问题和需求。**很多时候，客户并不十分清楚自己对于产品有哪些需求、需求是否急迫和需求有多大。**因为客户并不像销售人员那样了解产品的详细功能，在使用产品之前，也并不清楚产品是否会给自己带来便捷和愉悦的体验。

所以客户的需求在很大程度上都是潜在的。有时候，可能只是因为某一件事情或者功能无法实现，客户便会把目光投向其他相关产品。而且，客户的这个选择过程可以说是略带有一定的盲目性。作为销售人员，一定要清楚这一点。在分析客户需求的时候，销售员不能仅仅做一个旁观者，而是要站在客户的角度，主动帮助客户分析自己究竟有怎样的产品需求。只有做到这一点，才能让客户觉得产品服务是周到的，才能让客户买到让其真正满意的产品。

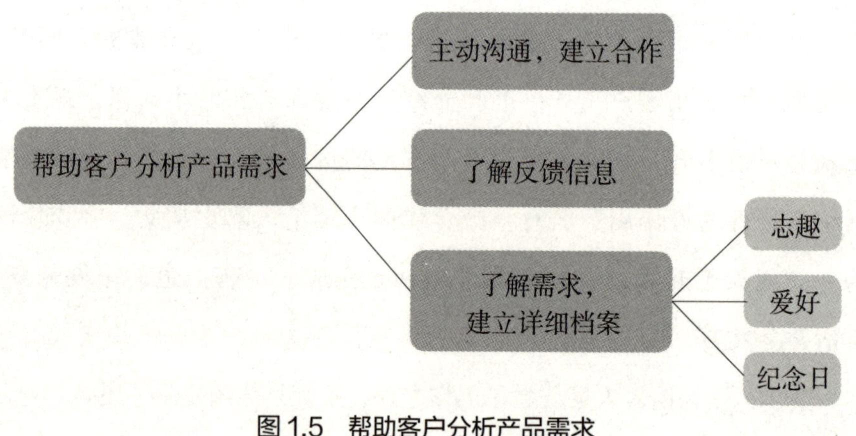

图 1.5 帮助客户分析产品需求

我们具体应该怎样做呢?

首先，要主动与客户沟通，建立紧密合作的客户关系。销售人员应积极主动与客户搞好关系，尽最大的努力满足客户需求，真正把客户作为企业合作的伙伴和市场的根基，而不是把客户当作谁都可以吃一口的唐僧肉。

其次，销售人员要积极了解客户反馈回来的信息。而且，不能仅局限于销售员自己搜集的客户信息，也要主动了解诸如售后服务、技术开发等部门反馈的客户信息，力求对客户的需求做到全面了解。

此外，销售人员在日常对客户的拜访过程中，应该积极地了解客户需求，必要时可以建立包括客户的个人志趣、爱好、重要纪念日在内的内容丰富的客户详细档案，以便与客户进行有效的沟通。同时，客户有困难，销售人员要竭尽全力地为客户解决问题。

一位粮油品牌的销售人员在年底冲业绩的时候遇到了难题。因为在他熟悉的已有销售渠道，不管是粮油店，还是超市，早已铺货完毕。如果他再想多销售一批粮油，几乎是不可能的事情。一天，他路过一家装修材料公司。他突然想起了一段往事。他在装修房子的时候，施工队负责人告诉他，如果由施工队购买材料，不仅比他自己买的便宜，而且，装修材料公司还会给施工队一定的礼品。他曾经亲自去询问装修材料的价格，果然同样牌子的装修材料施工队给出的价格要比自己买还便宜。

现在正值年底，不正是装修材料公司给装修队送礼品的时候吗?于是，他走访了几家装修材料公司，以优惠价售出了一大批礼品装大米。

可见，销售人员的服务工作不能流于形式，而应脚踏实地地从小事做起，从实事做起，主动出击，尽最大努力挖掘客户需求，并**帮助客户解决实际问题**。只有这样，销售员才能不断地提升客户满意度和忠诚度，拿下更多的订单，不断地提升业绩。

你服务到位，客户免费为你力推

某 4S 店购进了一批环保型的汽车滤清器。因为物美价廉，这批滤清器上货不久就销售一空。但一个月后，有一位客户反映购买的汽车滤清器存在质量问题，要求退货。经理检查后，确定这位客户购买的滤清器质量的确有问题，便当即令销售顾问们联系曾经购买这款滤清器的客户，请他们前来办理退货手续。4S 店将原价退货，补偿大家的来往交通费，并向大家真诚地道歉。

之后，客户们陆陆续续地都来办理退货手续。但其中一位客户因在英国出差没有来。半年后，这位客户来到 4S 店时，经理亲自接待了他，不但按原价退了滤清器，补偿了交通费，还将滤清器价款按银行同期利息给予客户补偿。这位客户为此非常感动。随后的几年里，但凡身边的亲朋好友买车，他都会亲自带着他们来这家 4S 店选购。

售后服务不仅是营销手段，还是“无声”的宣传员，**能将“头回客”变成“回头客”，把“回头客”变成“常来客”**。由此可见，售后服务是一次营销的最后环节，也是再营销的开始。它是一个长期持续的过程，是急不得的。

对于已经成交的客户，优秀的销售员一定会想方设法地扩大再销售。做得更好的销售员甚至还会**让客户自愿自发地为自己宣传和介绍客户**。这样的销售员已经能将销售做到游刃有余，信手拈来又卓有成效。其销售水平已经上升到堪称销售艺术的境界了。其实，扩大再销售或者由客户介绍客户，是一种借力使力的销售技巧。当销售员能够娴熟地运用这种技巧时，就可以产生倍增效应，让我们的销售步入一种良性循环的状态。很多销售员之所以能够创造业绩“井喷”的奇迹便是得益于这种销售技巧。

所以说，让已经成交的客户持续购买我们的产品或主动为我们介绍潜在客户，便成为很多销售人员追求的最高境界。但是，我们要怎样做才能达到这样的效果呢?

首先，我们要致力于向客户**提供超值服务**。在提供既符合客户需求又让客户满意的产品后，要想扩大再销售，让老客户能够做我们的义务宣传员、推销员，主动为我们介绍潜在客户，销售人员还要做好超值服务之外的工作。也许这并不是销售员分内的事情，但也是客户感觉最有价值、最受尊重甚至物超所值的地方。

例如，销售人员要想为客户**提供最大化的超值服务**，不仅要做好售前、售中、售后服务，还要给客户提供顾问式服务。这里的服务包含以下两层含义。

一是销售人员要用心服务，而不是用嘴服务。

就是说销售员答应给客户提供的服务项目一定要做到位。在销售过程中，销售员切忌夸大其词，嘴上说得很好，却落实不到行动上。

二是销售人员要学会做顾问式销售。

即销售员不单单是把产品卖给客户，还要承担为客户提供建议以及寻找最适合的产品的任务。

比如，帮助客户完善其单位的规章制度、操作手册，提供员工培训，给客户提供一些有参考价值的信息，针对客户的企业现状，提供合理化的经营或者管理建议，等等。

如果是零售客户，销售员还可以向其推介符合其实际需要而又不超过其承受能力的产品。

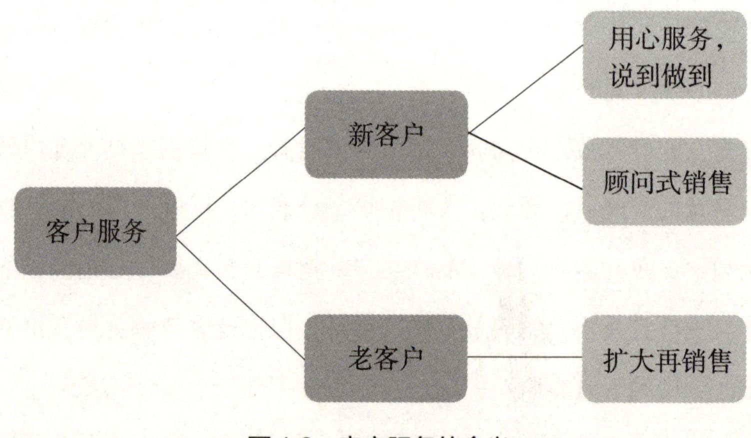

图 1.6　客户服务的含义

通常来说，**开发一个新客户，是维护一个老客户成本的5倍**。因此，作为销售人员，在开发新客户的同时，一定不能忘记关注老客户。绝不可以像猴子掰玉米，前面掰了，后面又丢了，最后收获非常小。我们要在维护老客户、扩大再销售的基础上，通过老客户转介绍，或者我们直接开发的方式，不断地扩大销售份额，让新老客户"百花齐放"，互相促进，相得益彰，实现销售的最大化。

对于客户的再次开发，销售人员还要注意的一点就是，**勿以事小而不为**。限于自身实力，担心卖不掉等诸多因素考虑，一些客户往往一开始进货量很小，销售量也不大，以致有的销售人员对此类客户不予重视，甚至出现厚此薄彼、服务不到位等现象。这其实是一种短视行为，也是扩大再销售，实现转介绍之大忌。

在销售过程中，我们要与客户逐步建立深度信任的关系。只有你在他面前树立了可信、负责任这样一种良好的形象，客户的满意度才能不断地提高，你们彼此之间才能构建一种信赖而和谐的伙伴关系，客户才会下大功夫为你转介绍更多的客户，从而扩大销售。

购买，只是我们服务的启动阶段

每一次成交，对于销售人员来说意味着什么？相信不同的销售人员会看到不同的东西。优秀的销售人员，会看到**机会**，看到**继续合作的前景**，看到客户身边的**人脉和资源**，看到与客户之间的**交情和友谊**。而普通的销售人员，看到的只有结束。在他们眼里，与客户做完生意，就意味着与这位客户的关系结束了，要转而去开发新的客户。因此，已经成交的客户在他们眼中已经不具备任何价值。这其实是一种非常错误的想法。

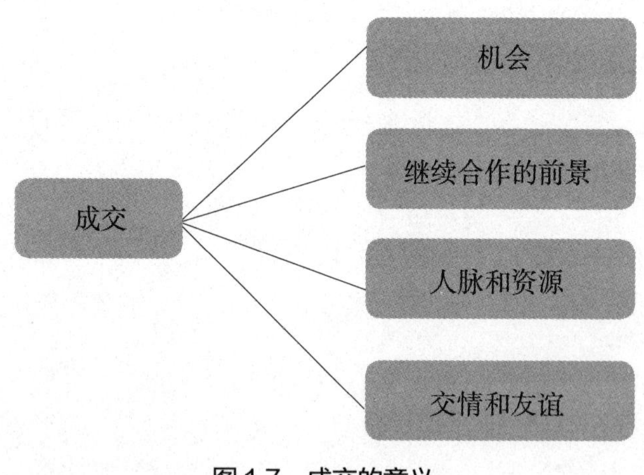

图 1.7　成交的意义

王凯在4S店做汽车销售时，手头的客户虽然不是最多的，但回头客却是最多的，所以整体业绩一直不错。为什么？因为他经常会告诫自己：**销售不是一锤子买卖，而是长久的合作关系**。不要每天都去思考怎样挣客户的钱，而应该时时琢磨：如何靠更卓越的产品质量、更多附加值的技术服务、更有爱心的总体服务来赢得客户，扩大市场。

例如，在和客户交谈的过程中，王凯会本着诚信原则，将事实情况对客户坦诚相告。当客户看中一款SUV汽车时，他会细心地提醒客户，SUV汽车动力强劲，但耗油量大。尤其是在户外行驶时，客户要有充分的思想准备。当客户为了省钱想买低端车时，他会贴心地告诉客户，低端车虽然价格实惠，但经常会出现一些小毛病。如果客户不在乎价钱的话，可以考虑买好一点儿的……**与其对商品的缺点遮遮掩掩，不如向客户坦诚相告**。这使得王凯很容易取得客户的好感和信任，从而提高了成交的概率。就算有时最后并未成交，但客户往往愿意与王凯结为朋友，并且与其长期保持联系。

除此之外，王凯还重视**和客户保持友好的关系，注意服务跟进**。比如，在向客户推销了一辆汽车后，每隔三个月他就要跟客户打个电话询问汽车的使用状况，询问是否需要帮助。客户很乐意接到这样的电话。当汽车行驶良好时，客户会为王凯的真诚相待而感动。当汽车出现故障时，客户总是率先想到王凯，主动来4S店维修或购买汽车零件。即便是汽车更新换代或是朋友买车，客户也会首先想到王凯。

我们必须明白：**销售绝不是一种短期行为，能坑一个是一个**。它是一个长期的过程。如果只是实现了商品销售，而没有和客户保持良好的关系，那么这次推销活动刚刚及格。如果既实现了商品销售，又和客户保持了良好的关系，那么这次推销活动才算优秀。也只有这样做，才能留住客户的心。

小刘是一名净水器销售员。他向自己的朋友小飞推荐了一款家用净水器。当时，小飞考虑到平时工作忙，又经常出差，定期更换滤芯不太方便，对于是否购买净水器有些犹豫。当他和小刘说明自己的想法时，小刘安慰他道，这个请放心，公司每三个月会提前跟他联系，并且安排上门更换滤芯，而且每个月会有专业人员定期就滤芯的使用情况进行回访。于是小飞就愉快地购买了这款净水器。

一开始，净水器的售后人员还能履行按期回访的约定，但过了几个月以后，就不按时回访了。他们不是提早几天，就是迟迟没有回访。有时小飞主动给售后服务人员打电话，但是售后服务人员常常不是说自己没有时间，就是说没有车过去，让小飞自己检查拍照后把照片发过去。为此，小飞先后跑了售后服务部门四五次，浪费了不少时间。再后来，小飞干脆不再使用净水器了。小飞直言道，再也不会买这个牌子的任何产品了。

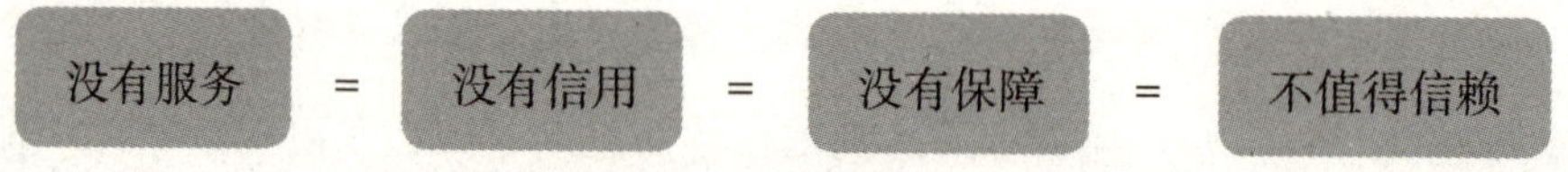

图 1.8　客户对销售员和商品的看法

因为一次不满意的服务，小刘不仅失去了客户，甚至连朋友之间的关系也受到了影响。所以说，在客户眼里，**没有服务的销售，就是没有信用**

的销售；没有服务的商品，就是没有保障的商品；而不能提供服务的销售人员，最终也无法赢得客户的信赖和忠诚。

俗话说“去时要比来时美”，才能给人以深刻的好印象。就好比一首诗，无论开头是多么的气势磅礴，多么的精彩，倘若结尾处软弱无力，就绝不会是一首好诗。但如果开头平淡无奇，而结尾句余韵无穷，意境深远，却堪称是一首好诗，销售工作同样也是如此。

维护客户，这是一门学问，需要我们进行长时间的摸索和积累。每个客户的特点和个性都是不同的，更何况是各个地方的不同客户。只有**让客户对我们产生依赖性，充分地信任我们，**我们才能说是真正地拥有了客户，而不只是曾经有过交易的熟人。

可持续发展这个概念，不仅仅适用于人类的发展和环境的保护，它也适用于销售人员对于**客户的开发和维护**。一个致力于把销售事业做强做大的销售人员，绝对不会把自己的销售行为视为一次性买卖。在与每一个客户进行沟通交流的时候，我们都要考虑到一个问题，与这个客户的订单成交之后怎么办？各奔东西显然是最糟糕的选择，**互利共生才是销售学中的最佳生态模式。**

此外，我们还要明白：人的需求是具有重复性的，不可能一次性地彻底满足，常常是需求得到满足后不久又出现新的需求。这种重复出现的需求还带有明显的**周期性**，如饮食、睡眠、运动等需求。正因为需求是重复性的、周期性的，所以有经验的销售员从不把一次成交当成销售的终结，而是当作下次销售的起点。

一次又一次地为客户提供满意的服务，而客户也因为这个缘故一次又一次地为你提供销售订单，这样可持续发展的销售模式，才是最优秀的销售模式。把目光放长远，在与客户初次洽谈合作时，就要考虑到如何让客户再一次甚至持续地为自己带来订单，这才是一个优秀的销售人员应该做的。

第2章

认知纠正

——销售的最终目的绝不是坑人利己，而是互惠互利

在日常销售中，销售人员无论是面对客户，还是面对同事，甚至是竞争对手，都要明白竞争的意义在于互惠互利，而不是你死我活。虽然很多时候我们都说，只有破釜沉舟，背水一战，才有可能获得最终的胜利，但是对于激烈的商业竞争来说，双赢才是销售的最高境界。

一味追求利益，销售将一败涂地

如果留意观察，你就会很容易发现这样一个现象：人与人之间交流，用得最多的一个字就是“我”。这说明了什么？这说明了，不管你是什么人，也不管你在干什么，在任何时候，你的内心深处都非常关心自己。换句话说，你的利益，永远是最重要的。将心比心，你是这种心态，那么客户也是这种心态。

有些人认为，销售就是以自己盈利为目标，所以急匆匆地催着客户下单，甚至为了提高销售业绩，不惜诱导客户购买一些质劣价高的产品。或许这样可以在短期内获得不菲的收益，但从长远来看，这样的销售员不但成不了最优秀的那位，甚至往往是在业绩排名中垫底的那位，原因就是他没有考虑客户利益。

什么是客户的利益？

对于客户来讲，他们从来不关心自己买的是什么，客户真正关心的是**自己得到了什么，自己的问题是否得到了解决，境况是否因此而变得更好**。比如，女人买化妆品，女人真正关心的是它能否改善自己的肤质，使

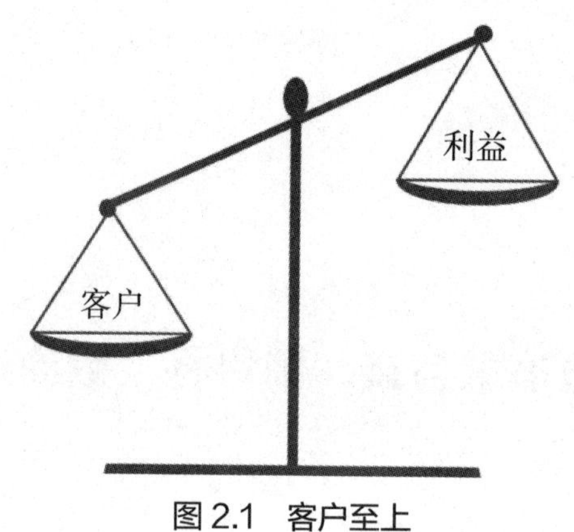

图 2.1 客户至上

自己看起来更漂亮；顾客买汽车，真正关心的是生活是否因此变得更便利、更尊贵；男孩请女孩喝咖啡，真正关心的是女孩是否因此感受到了他对她的爱意……这些隐藏在产品背后的、客户真正关心的东西就是利益。

有一次，某知名芯片厂得到一个大型企业的产品意向订单。在双方往来沟通了将近两个月后，这家芯片厂得知共有三家工厂参加了最后一轮的竞争。其中一家是国内很有名的 IT 企业，在业内做得很好。另外一家是有外资背景的大公司。当时，这家芯片厂是明显处于劣势的。于是，该企业决定采取坦诚相待的策略。

客户来企业考察时，芯片厂领导带上工程师和技术人员一起与客户座谈。在会谈时，芯片厂把具体的成本分析表呈递给客户。成本是多少，由哪些因素构成，芯片厂的期望价格和可以接受的最低价是多少，所有的一切都在分析表中写得清清楚楚。客户看到厂家非常的真诚，便消除了顾虑，双方谈判进行得相当顺利。

就在客户考察结束回国后，芯片厂的工作人员突然发现客户的一个文件袋忘在了会议室，里面装的是竞争对手的一些样品。如何处理这个文件袋，芯片厂为此展开了一次激烈的讨论。有人建议，假装不知道，将这个文件袋藏起来，自然而然地就PASS了这个竞争对手。有人建议，可以把文件袋还给客户，但要有意地拖延几天，在产品评审结束后再递到客户手中。也有人建议，应该立即将文件袋寄给客户，但要在样品上做一些手脚，让它出点儿小故障。

最后，芯片厂领导还是决定，立即原封不动地将文件袋寄给客户。在领导看来，一个诚实的人，做事一定要认真。而且，敢于将竞争对手的样品还给客户，这本身就说明，他对自己的产品很有信心。芯片厂最终赢得了订单。芯片厂正是靠着这种坦诚的态度，在原本处于劣势的情况下打了一个漂亮的翻身仗。

要知道，任何产品和服务都是载体，**只有利益才是客户真正在乎的**！而产品本身所承载的利益，这才是我们真正要贩卖的东西。在销售中，如果你没有把你的产品功能和客户的利益建立连接，那么你就是在自说自话。客户就会认为，你只想卖东西，而不是想帮助他。

相反，如果你能从关心你的产品变成**关心客户的困难、风险、利益**等等，客户对你的信任感立刻就建立起来了。因为这时你已经从你的船上跨到了客户的船上，这就叫同舟共济。毫无疑问，当你在销售过程中表现出对客户利益的关心，甚至做到**比客户更关心他的利益**时，那么你的推销在悄无声息中就已经成功了一大半。

客户不怕你考虑自己的利益，却惧怕你不考虑他的利益。始终以客户利益至上为原则，善于替客户分析利弊，这不是一个销售技巧的问题，而是一个销售思维的问题。也就是说，你必须时时刻刻具有双赢思维，时刻为客户的利益着想，对客户表现出足够的理解和关心，帮助其解决实际问题，满足客户的需求，最终通过为客户谋取利益而促成交易。

当然，信任的建立是一个渐进和长期的过程。除非你在每一次销售拜访中都时刻密切地关注这个问题，客户对你的信任感才会因此大大增强。否则，你就会发现，在一个不经意的时刻，你前期辛辛苦苦地建立起来的信任感，顷刻之间就会化为泡影。

要赢得客户的信任，就必须学会把自己的利益放在次要位置，而把**客户利益放在最重要的位置**。只有做到了这一点，才能真正赢得客户的信任和尊重。

达到完美双赢，是销售的最大成功

作为销售人员，最容易陷入的最大误区就是：认为价格是能否达成销售最关键的因素。因为销售人员的目标就是要争取到最高价，而客户的目标则是要争取到最低价。

其实，这样的想法不仅错了，而且错得很离谱。因为无论是对于客户还是对于销售人员来说，还有很多其他更重要的东西。一个优秀的销售人员，不仅要关心自己的目标，还要**帮助客户实现自己的目标。**

比如在与客户谈判时，销售人员所要想的不应该是“我能从客户那里得到什么”，而是“我怎样才能在不损害自身利益的情况下帮助客户达到目的”。因为很多时候，如果你能给客户想要的，他们就会给予你想要的。作为销售员如果能够做到这一点，那么就能让销售成为一件销售员与客户“双赢”的事情。

有一位在收藏界名气很大的收藏家老马，人缘非常好，但是别人对他的评价褒贬不一。因为老马有个特点，就是经常当“冤大头”。什么意思呢？许多收藏爱好者淘到了有价值的古董，往往会拿到那些有名气的收藏家那里待价而沽。而老马往往是其中出价最高的一个。

当然，也有人会提醒他买亏了。不过老马常常是哈哈一笑，打个马虎眼就过去了，从来不深究。一开始，老马多花钱收货的事情常常被业内人士传为笑谈，甚至有的同行怀疑老马根本就不识货。可是时间久了，大家发现那些“淘客”几乎全成了老马的合作伙伴。淘客们只要是找到好东西，必然要送到老马那里过目。于是老马收得开心，“淘客”们卖得也很开心。

眼看老马手里的“好货色”越囤越多，大家才慢慢地明白过来老马为什么非要当这个“冤大头”。举例来说，一件藏品“淘客”出价 10 万，往往心理预期就在 8 万的样子。老马虽然知道这一点，但依然会付 10 万买下，让对方有钱赚。这样一来，人们觉得跟老马合作有钱赚，有了新“宝贝”都是先给他看。于是，别人赚到了钱，老马的货源也更多了，可谓双赢。

图 2.2 双赢

天下的生意千千万，可销售这件事，都是异曲同工。谁在生意中能考虑对方的利益，对方就会想着谁。这就是双赢的好处。作为销售人员，我们也要明白，只有让客户获得他应得的利益，你才会将产品顺利地销售出去。

销售人员为了自己的利益向客户推销产品，而客户也只会选择那些能够给自己带来利益的产品。那么，具体来说，我们应该如何做才能与客户实现双赢呢？

1. 销售人员要舍得付出。

俗话说“舍不得孩子套不住狼”。很多时候，那些有影响力的客户往往有着特殊的身份和职业。他们不仅自己购买产品，还可以将产品推荐给其他人。面对这样的客户，销售人员一定要舍得付出，不赚钱甚至是赔钱，也要努力拿下订单。因为只要能够让对方认可自己的产品，我们就拥有了大量的潜在客户。这些潜在客户只要有一部分能够转化成为有效客

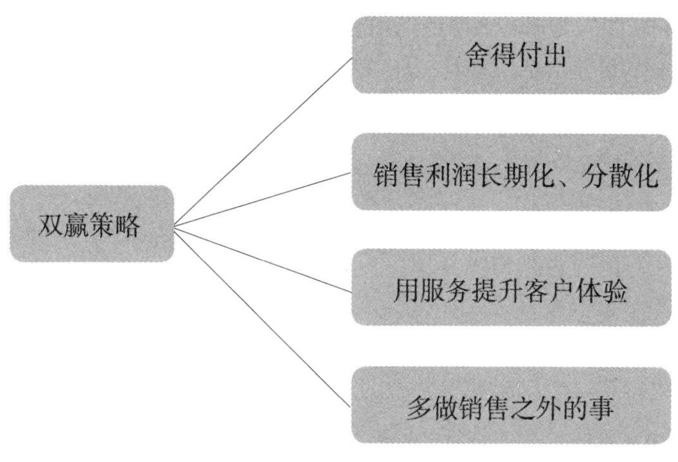

图 2.3　双赢策略

户，我们的销售利润就有了保障。

对于销售而言，最好的宣传是**客户的口碑**。所以，对于那些“重点客户”，销售员不妨先保证客户的利益，尽量满足客户的要求，然后再实现自己的销售利益。

2. 尽可能把客户转化为长期客户。

为了保证企业的长期利益和满足客户的需求，我们不妨试着把销售利润长期化、分散化。因为只要能够长久地留住客户，正所谓“细水长流”，就一定能够让利润实现可持续化，毕竟长期稳定的客户是最宝贵的企业资源。

事实上，无论是销售人员还是企业，都已经越来越多地意识到了这一点。比如饮料的积分卡以及游戏集卡活动，比如理发店、健身房推出的会员积分制度，比如超市推出的购物券和积分换购，等等，这些其实都是在变相地拉长销售区间，并且在保证长期利润的情况下，尽可能多地给予客户实惠，从而实现双赢。

作为销售人员，一定要学会利用这一点，将促销方式改成长线促销，既能保证企业的利益，又能满足客户的需求，何乐而不为呢?

3.用服务提升客户体验。

虽然价格是客户最在意的，但是我们在价格上很难有较大的操作空间，难以让客户感受到更多的实惠。在这种时候，销售人员不妨**用服务去提升客户的体验**。比如用服务帮助客户减少麻烦，节约时间，提高效率，那么无形当中就提高了客户所能获得的利益和价值，客户也就更容易接受销售人员在价格方面的坚持。

4.多做一些销售之外的事情。

例如，销售员小希经过客户介绍认识了江总。两个人第一次见面聊得并不顺利，江总也没有签单的意愿。后来，小希发现江总有两个可爱的孩子，都上初中，成绩一般。江总为此很是烦恼。在了解到这一情况后，小希便动用身边的关系找到一位优秀的老师来辅导江总的两个孩子。期末考试结束了，孩子的成绩让江总非常满意。江总把小希叫到办公室，对她说："以后我们公司的办公用品采购就交给你了。"小希凭借这种"双赢"的思维成功地与客户达成了合作。

有些时候，就算是客户生活中碰到的一些困难，作为销售人员只要有能力做到，就一定要尽量地帮助他们。这样一来，销售员与客户之间就不再是纯粹的合作关系了，更多的是朋友关系。以后，只要有什么销售机会，客户一定会先想到我们。

华人首富李嘉诚曾经说过：“我觉得，**顾及对方的利益是最重要的**，不能把目光仅仅局限在自己的利益上，两者是相辅相成的。自己舍得让利，让对方得利，最终还是会给自己带来较大的利益。”

销售的终极目标是双赢，没有利益的销售无法持续。我们是为了获得利益，才从事销售工作，而客户是为了满足自己的需求，才会购买价格适宜的产品。只有双方都达到了目的，我们才能与客户建立起长久的合作关系。也只有这样，我们才能把销售变成一件“双赢”的事情。

为了客户满意，我们必须做到“想客户所想”

每个客户都会有不同的需求，每一件产品也都有着不同的产品性能和特性。如何从众多繁杂的产品特性中挑出让客户满意的特点来向客户介绍，是销售员最需要也是最难掌握的一项技巧。因为这首先需要销售人员对于客户情况有全面的了解。销售员只有真正让客户满意，才能让自己的产品更具吸引力。

那么，如何做到让客户满意呢？销售员还是要从客户的实际需求出发，做到“**想客户所想**”，在介绍产品的时候切忌毫无重点地全面讲解，而是要有所取舍，有所侧重，真正有针对性的把产品的优点精确地介绍给每一位客户，这才是最有效率的推销方法。

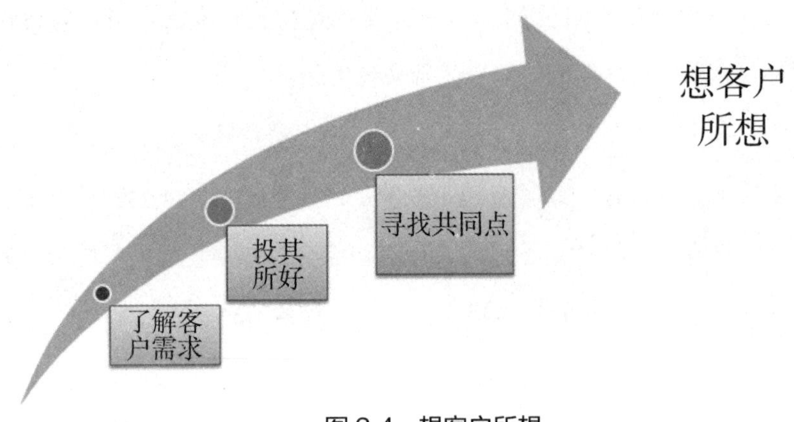

图 2.4 想客户所想

1. 通过交谈了解客户需求。

在向客户介绍产品时，销售人员要想“**投其所好**”，就必须首先通过和客户交谈，对他们的偏好有一个基本的了解和判断。

例如，如果对方在意性能，我们就跟他谈产品的技术性能；如果他在意价格，我们就谈产品的性价比有多高；如果他在意外形，我们就重点介绍产品的设计，用设计上的精巧来打动他。人和人之间都有差异，单靠同一角度的宣传很难打动所有的人。面对不同的客户，我们要灵活地运用各种销售技巧和沟通话术，针对对方的特点和需求投其所好。

首先，了解客户需求，就要从**关心客户**，从**了解客户的问题**入手。这就需要销售人员在拜访客户前，做好充分的准备。比如，搜集客户的详细资料，认真分析并预测客户最强烈的实际需求。只有做到这些，才有可能有针对性地向客户推荐其最需要的产品，寻求合作的突破点，促进客户成交。如果一开始就抓住了客户急需解决的问题和痛点，客户必定愿意将话题继续下去。相反，如果销售员与客户初次见面，就是十足的“商业气味”，只会千篇一律地讲解产品，那么客户就基本上不会购买你的产品，甚至连让你背课文似的“背完”开场白的机会都不给你。

2.善于“投其所好”，找到突破口。

有这样一个故事，销售部张经理按照约定来到客户王总的办公室，洽谈一笔业务。在与王总沟通的过程中，张经理发现王总似乎对自己并不太感兴趣。因此，双方的谈话也是有一搭没一搭的。张经理似乎看不到签单的希望了。这时，张经理突然看到王总的书架上有很多的中国古籍，特别是有很多关于《道德经》的书籍。于是，张经理给王总谈起了自己的爱好。张经理介绍说，他特别喜欢读书，尤其偏爱古典文学。王总一听就来了精神，说他也喜欢读书，其中最喜欢读的书就是《道德经》，甚至收集了好多关于《道德经》的书籍。于是两个人就聊起了《道德经》，又从《道德经》谈到了业务。双方聊得不亦乐乎，都忘了时间。晚上他们还一起吃了晚饭。

很显然，由于销售部张经理善于仔细观察，找到了与客户王总之间的共同点，并采取了投其所好的策略，顺利地找到了双方共同的话题，双方由此建立了信任。当然，你对客户投其所好，首先必须跟自己的情趣、爱好相结合。你不仅要对此有兴趣，还要有一定的研究。否则，即使你发现了双方的共同点，但是对此一知半解，没说两句就“卡壳”了，那么不但对你们的合作无济于事，反而会让客户觉得你不懂装懂，不值得信赖。由此可见，**培养广泛的兴趣**，对于销售人员而言，是能够对不同客户“投其所好”的一项基本功。

3. 寻找客户共同点的技巧。

面对客户，要想做到投其所好，找到自己与客户之间的共同点，就必须掌握下面这些方法。

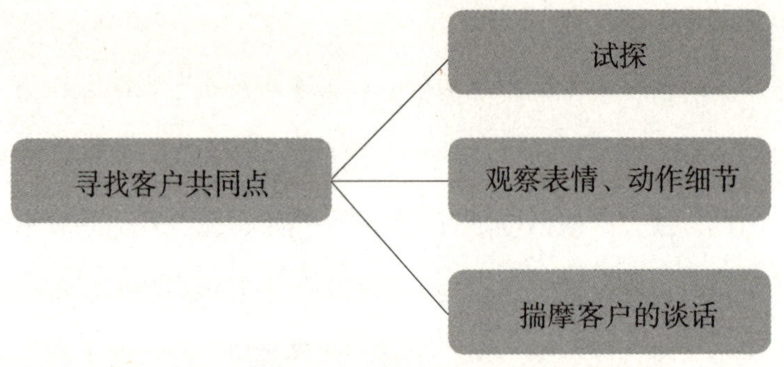

图 2.5　寻找客户共同点的技巧

首先，对于那些摸不清底细或者初次见面的客户，不妨**采用试探的方法**来寻找共同点。

譬如，有时候，为了打破初次见面时的沉默局面，销售员必须想办法打开话题。因为不说话不沟通是什么也做不成的。当然，也有一部分销售人员会通过辨别客户的说话口音、言辞，来分析客户的情况。有的人以动作开场，一边帮客户做某些急需帮助的事，一边以话试探。有的人向客户借火吸烟，借此发现客户的特点，从而找到与客户之间的共同点，打破僵局，找到共同的话题。

其次，我们要**善于观察客户表情、动作方面的细节**。通常情况下，一个人的心理状态、精神追求、生活爱好等，都会或多或少地在他的表情、服饰、谈吐、举止等方面有所表现。只要我们善于观察，就会顺利地发现我们与客户之间的共同点。

此外，也可以通过步步深入的手段，挖掘共同点。随着交谈内容的深入和话题的展开，你渐渐发现，你与客户之间的共同点将会越来越多。为了使交谈更有益于客户，你必须一步步地挖掘深一层的、更多的共同点。只有这样你才能如愿以偿地拿到订单。

同时，**要学会揣摩客户的谈话**，从中探索并总结出共同点。为了发现客户与我们的共同点，我们可以在与客户交谈或者别人与客户交谈的时候留心分析、揣摩客户的话语，从中发现客户与我们的共同点。特别是当客户是企业高层或权威人士时，我们不可能一味地去问一些问题，许多信息都要靠我们自己去仔细地观察、揣摩和挖掘。

在与客户沟通的过程中，要想做到“想客户所想”，首先必须了解客户，并想办法找到与客户之间的共同点或者相似点。只有准确地判断出不同客户与我们的共同之处，才能够进一步地与客户沟通，了解客户真正的爱好兴趣。只有做到了这些，我们在面对客户的时候才能真正做到想客户之所想，急客户之所急，满足客户之所需，与每一位客户都能够打成一片，顺利签单。

你卖什么客户不走心，他只走心自己需要什么

作为销售人员，我们可以去体验产品，体验服务，体验整个购买流程。但是如果我们不能以客户的角度去思考，就很难理解客户的想法和决定。事实上，有很多销售人员并没有做到以客户的角度来看待问题。甚至大部分人把销售这个工作简单地定义为“卖东西”。不得不说，这种定义有点儿过于简单和片面了。可令人遗憾的是，很多销售人员就是把自己当成“**卖东西的**”了。

归根结底，想知道客户的需求，想知道客户是否满意，销售员还是要从卖方思维转换为买方思维。当你以卖方思维来思考问题时，就很难洞悉客户真正的内心需求。比如，见到客户后，二话不说就开始推销自己的产品。结果呢，你侃侃而谈，弄得自己口干舌燥，却换来了客户的三个字“不需要”！这恐怕是很多销售人员经常遇到的尴尬场面。

卖不出去产品，就没有业绩。没有业绩，就没有动力。所以这样的结果让有些销售员感到伤心和迷惑，甚至开始怀疑自己：“是我的产品不够好吗？还是我要价太高了？”“是我不适合做销售吗？还是我的能力有问题？”

其实，这些问题都不是重点。那么重点究竟是什么呢?

很多时候，那些失去订单的销售人员，并不是不了解产品，也不是不重视客户，而是因为他们在给客户讲解产品的时候，没有分清楚轻重缓急。或者说，他们在理解客户内心的真实需求这个步骤上出现了偏差，从而导致他们对产品的介绍无法引起客户的重视。一般来说，在了解到客户的真实需求后，销售人员要首先把客户最感兴趣、最想了解的产品的那些特点介绍给客户。只有这样才能够引起客户了解产品的兴趣，销售工作才有继续往下进展的可能。

产品经理小李去某城市给某品牌的农用卡车销售人员做培训。在培训过程中，小李问大家如何帮助经销商推销农用卡车。小李发现，他们大多数讲的是卡车的特点和优点。而且，他们在这方面做得很优秀，对于许多专业的卡车知识以及特点掌握得非常全面。但是有一个问题就是他们很少提及如何让买卡车的农民赚到钱，即**产品能够给客户带来的利益**。

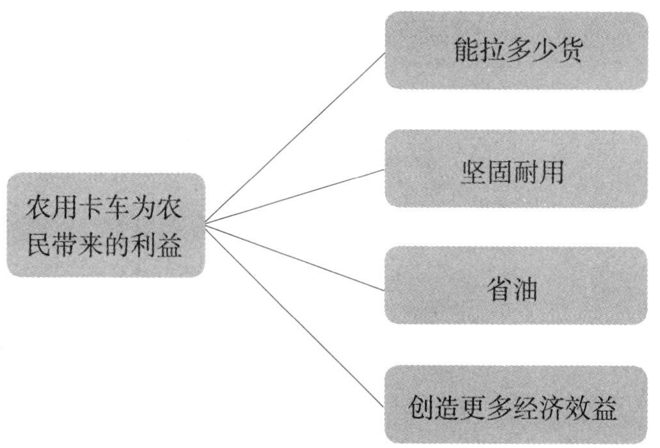

图2.6　农民眼中的农用卡车

我们都知道，农民中的所谓汽车“发烧友”并不多。对于农用卡车这样的产品，农民都是纯粹地把它当成生产工具来看待，没有人是买来玩或者体验的，都是买来用于赚钱的。所以他们对于卡车的专业技术性能和特点基本上不感兴趣。他们只会关心农用卡车能拉多少货，是否坚固耐用，是否省油，是否能创造更大的经济效益，等等。

销售人员只有抓住了这些利益点，才能更好地销售农用卡车。譬如，卡车买来能否找到长期合作的货运公司，卡车坏了后期维修是否方便、便宜，旧车报废时如何处理赚钱（除了旧车报废可以享受政府的几千元补贴之外），手头缺钱时能否用卡车抵押办理银行的低息按揭贷款，等等。总之，销售员在向客户介绍时，要多讲买车后能否赚到钱这个农民最关心的利益点，至于车辆的技术性能以及特点，可以在农民对产品产生兴趣后再详加介绍。

可见，**客户对产品的第一印象，取决于销售员对于产品特性的介绍顺序**。聪明的销售人员总是能够抓住客户最关心的产品特点，迅速地在客户心中建立起产品的第一印象。一件产品可能有很多的特点和优势，但是聪明的销售人员往往会把客户最关心、最感兴趣的一面直接展示给客户，从而在最短的时间内引起客户对产品的兴趣和重视，也直接增加了客户签单的可能性。

很多时候，**产品得不到客户的重视和欢迎，大部分责任都在销售员身上**。因为你一开始没有问人家到底需要什么，就直接推销自己的产品。所以说，产品是否能卖出去，除了质量因素，还需要看客户是否想要购买你的东西。

别说你的产品多优异，客户只在意它是否能解决问题

有一句广告词说得非常好："别看广告，看疗效！"寥寥几个字，却道出了销售的真谛。再优异的产品，再先进的功能，如果不能为客户解决问题，满足不了客户的需求，这一切也是白搭，更不可能打动客户的心。

小慧是一家家电公司的销售员。最近家电公司在一个小区里做活动，上门推销豆浆机。小慧每天都会比其他同事多卖几台，销售业绩遥遥领先。这一天，她敲开了一户人家的门。在表明来意后，小慧递上了公司的优惠券。开门的男主人似乎对这款豆浆机很有兴趣，询问了一些具体的功能。

这时候，屋里的女主人也出来了。但是她看上去对豆浆机并没有太大的兴趣，对男主人说："家里不是有一个豆浆机吗？"

男人拿着产品说明给女人看，说："咱家那个都用了很多年了。你看现在的豆浆机功能有多先进。这一款是免过滤的，干豆、湿豆都能打，不仅能做豆浆还能做料理，而且，还有一键清洗的功能……"

可是，女主人似乎对豆浆机并没有太大的兴趣。她一直在收拾屋子，似乎有点儿下逐客令的意思。小慧看到屋子里确实有些乱。门口的鞋柜上有大小两双小孩的鞋子。旁边的整整一面墙全是孩子的照片。她由此知道房主一家对于孩子很是疼爱。于是，小慧决定从养孩子的事情着手。

小慧笑着对女主人说："家里有孩子就是很容易乱啊。我姐姐有两个孩子，每天晚上屋子里都跟遭过贼一样，半天都收拾不完。"

"遭贼——你这个比喻可真贴切，呵呵。"女主人被小慧的话逗乐了。

"是呀，不光是玩具，孩子的身体长得快，衣服很快就穿不了了，也得收拾，天天净收拾屋子了。"

"就是，每天上班这么累，回家带孩子，还要收拾屋子。"

"每天有很多时间都花在收拾孩子的玩具、书本、衣服上了，真的好辛苦。你家的俩宝宝都上学了吧。你一大早还得起来给孩子做饭，很辛苦的。"

这番话说到了女主人的心窝里。她叹了口气，说道："天天早上五点半就得起来准备早饭，夏天还好一点，冬天是真受罪。而且，不光这些，孩子平时写作业磨磨蹭蹭，只知道玩耍，将来能不能考上好的大学还不知道呢。每天辅导作业的时间也有限，我都准备给他们请家教了。"

这时，女主人忽然想起小慧是来推销豆浆机的，就问道："这款豆浆机可以提前预约，是吗？"

小慧说："这款豆浆机是可以设定预约时间的，而且，是最新的破壁豆浆机，打得细，不用过滤。它的预约功能很实用。您想啊，晚上睡觉前预约一下，早上就不用那么紧张了，你还可以稍微多睡一会儿。

每天照顾两个孩子那么辛苦，还要早起。这款豆浆机可以帮您减轻一点儿负担，而且，打得更细，吸收更好。经常喝的话，对女性身体更好呢。”

听到这里，考虑到这个预约功能可以解决自己早上需要早起的问题，女主人决定购买这款新型豆浆机。

小慧之所以能够顺利地推销出豆浆机，就在于她没有把说服的重点放在产品上，而是放在了女主人的感受上，以女主人遇到的生活问题为突破点。相反，男主人即使跟女主人是一家人，有着“先天”的情感优势，但是因为他完全把注意力集中在了产品的技术特性上，根本没有考虑到产品能够解决自己的哪些具体问题。所以他说的话完全被女主人无视，没有丝毫的说服力。

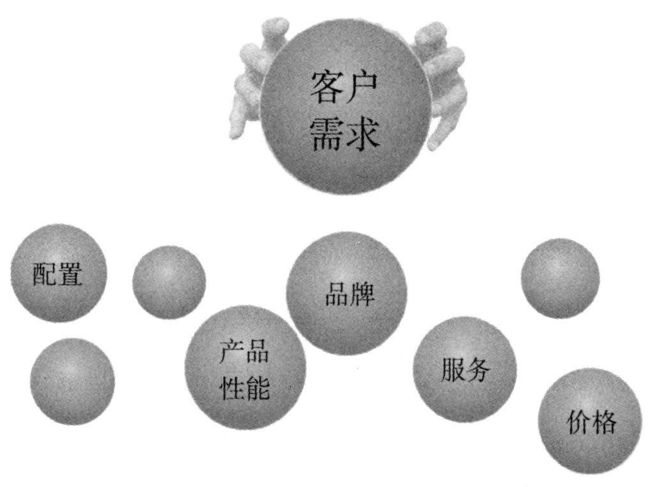

图 2.7　满足客户需求

作为一名销售人员，一定要把推销的出发点建立在“**为客户解决问题**”上。更进一步来说，要给客户提供周全的服务、全套的解决方案。即便是公司不能提供，你也要找到办法自己为客户提供服务和解决方案。只有这样才能保持竞争力，保证让客户满意。

以苏宁电器为例，这家公司的店铺如今已经遍布全国的大中小城市。在很多小城市，苏宁虽然能够销售多种品牌的产品，但却难以找到为客户服务的配套服务网点。因为众多品牌并没有实力在全国每个城市都设置服务网点。但是在一些小城市，苏宁的销售人员都与本地的商家建立了非常密切的联系。只要客户购买了产品，苏宁的销售人员就会帮助客户联系专业人士进行售后和维修服务，有效地帮助客户解决了在使用产品时遇到的麻烦和问题。

客户有什么问题，我们就应该给客户解决什么问题。客户购买产品，需要的并不是产品，而是**产品能够为客户解决他们所面临的问题**。在问题的解决方案当中，不仅包含产品，还应该包含与产品相关的系列服务。比如，产品的使用方式，产品的运输、安装、维修等。所有能够让客户更加便利地使用产品的服务都可以列为这个问题的解决方案的内容。如果产品不能为客户解决实际问题，那么产品对于客户而言就没有任何的意义和价值。在这种情况下，即便是客户购买了产品，也会大呼上当，那么我们的销售工作将难以为继。

客户所有购买决定，都取决于自己的购买动机

作为销售人员都会有这样的体会：分析客户购买需求并非难事，但是要洞悉客户的购买动机，却真的不容易做到。它不仅需要销售人员充分地了解客户的购买需求，还要求销售人员对于客户的实际情况有更深一步的了解和掌握，需要更加细致的调查和分析。但是这些既不能通过观察表面的现象和言行来获取，也无法根据常理推断来获取。因此，洞悉客户的购买动机，是一件十分具有挑战性的事情，需要销售人员付出极大的努力才能做到。

曾经有这样一个有关客户需求和购买动机的案例。

做软件销售的小西向一家企业推销一套物流管理软件系统，用来管理产品的物流以及库存。当时，他了解到这个企业的物流管理比较混乱，虽然出库、入库有单据，但库存数量和实际进出库的数量经常对不上，甚至物流管理员都不知道仓库里有多少东西。物流管理员每天都要把各部门的出入库票据进行整理登记。由于生产部门和物料都很多，每天无数的单子让他应接不暇。这位物流管理员每天工作的 8 小时几乎都是在忙乱中度过

的。销售人员发现这个情况以后，便向这家企业推销物流管理软件。

企业领导和这位销售人员谈过以后，明确表示只要能说服物流管理员使用这套系统，就马上购买。销售人员向这位物流管理员演示了这套软件如何录入出入库单据、如何登记库存、如何查询库存等功能，并介绍这套系统将大大减轻物流管理的工作量，能够将物流管理员从繁忙的工作中解脱出来。可物流管理员听完介绍之后的反应却令软件销售人员大为意外，他直接拒绝了销售人员关于购买软件的建议。

从理论上来说，这家企业从目前来讲确实有这样的需求，销售人员的产品和方案也确实能帮企业提高工作效率，并降低物流成本。这对企业来讲绝对是好事。可物流管理员为什么不愿意买呢？从理论上来说，购买需求和购买动机都是成立的呀。

销售人员觉得导致被拒绝的原因是他没有给物流管理员讲清楚软件的功能以及带来的实惠。于是他邀请了公司的物流管理顾问亲自给这位管理员详细地讲解了软件的工作原理、工作流程、管理功能和能够带来的效率提升。然而结果是管理员依然拒绝购买软件。

销售人员百思不得其解。明明我们的方案对解决企业的物流管理问题有很大的价值，可以提高效率、降低成本，能够把物流管理员从每天 8 小时的工作忙碌中解脱出来，仅用 2 个小时就能完成全天的工作量。软件提高工作效率的效果十分明显，为何却无法打动物流管理员呢？

直到后来销售人员才得知，原来这家企业管理很细，每个岗位都按工作量和岗位工时考核，按小时发工资。比如，以前这位物流管理员工作 8 小时，每小时 25 块钱，工作一天可以挣 200 块钱。但是使用软件之后，物流管理岗位的工作量就会被企业重新核定，这会直接影响该岗位的薪酬收入。所以物流管理员找出各种理由来拒绝购买软件。

因为这位物流管理员最看重的不是“企业是不是效率提高、成本降低了”，甚至不是“我的工作是不是轻松简单了”。在她的心目中排在第一位的是“我的收入是不是减少了”。购买软件这件事是否关系她的个人利益，是她首先要想到的，也是左右她是否做出购买决定的最根本的理由。所以她的“购买动机”叫作“不影响薪酬收入”。

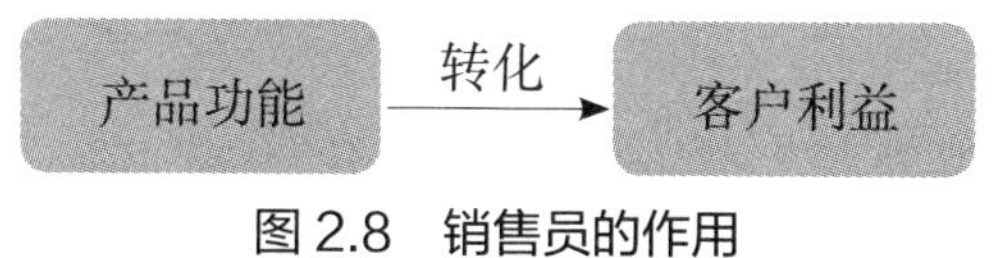

图2.8 销售员的作用

可见，购买动机要结合具体详细的销售情况来判断，并非通过简单的推断就可以获得。因此，在介绍产品的时候只谈产品的功能，给客户带来的冲击力是很小的。只有产品功能关系客户的个人利益时，才能真正激发客户的购买动机。因此销售人员在将产品的特点与客户利益建立联系的同时，还要积极帮助客户完成产品功能向优点的转化。例如，销售员可以把产品的功能按步骤转化为客户的个人利益。首先，向客户逐一列出产品的功能。其次，结合客户的实际情况，向客户说明此功能可以为客户做些什么。最后，结合产品的实际作用，向客户说明产品如何有利于使用，并如何为客户带来收益。

把产品介绍给客户，是销售人员工作的唯一核心所在。但是围绕这个核心，结合不同的客户、不同的实际情况，却可以衍生出许多介绍产品的手段和技巧，包括策略以及语言技巧方面的。这里面有许多的学问。在实际的销售工作中，我们只有明白这一点，才能在洞悉客户购买动机的时候不走弯路。任何产品都对客户有着相当大的潜在利益，所以把产品功能转化为客户利益大有潜力。优秀的销售人员要学会把产品那些不同的功能特点针对不同客户的不同需求转变成不同的产品优点表达出来。

客户的购买动机是一个与客户需求比较接近的概念，但是实际情况是客户的购买动机比需求更加复杂，更加让人难以捉摸。有些时候，我们已经准确地掌握了客户的产品需求，但是销售结果却并不如我们想象的那样让人满意，其原因就在于我们并未真正地把握客户的购买动机。购买动机是一项可以直接导致销售成功的关键因素，可以说，如果不了解客户的购买动机，我们订单的成交就少了一份重要的保险。因此，洞悉客户内心的购买动机，是一种为签单保驾护航的一项重要技巧。

一名优秀的销售人员一定要掌握这些技巧，要善于发现产品的优点，不仅包括那些显而易见的，也包括那些潜在的，有可能为客户带来收益的产品优点。甚至是产品的一些不足之处，销售人员都要想办法将其转化为产品的优势。毕竟实际情况是各有不同的。能够针对不同客户，挖掘产品的不同特点和优点，从而激发客户的购买动机，是成为优秀销售人员的必备技巧，也是成为销售冠军的必经之路。

你不一定要让客户占便宜，但要给他占便宜的感觉

在销售工作中，我们都会有这样的体会：大多数客户的心理都是希望**以比较低的价格获得更好的产品和服务**。这一点是最基本的。它源于人的本性。这也是销售人员必须要面对的。就拿日常购物来说，人们只要听到了超市打折、商场甩卖、专卖店清仓等消息，就会不约而同地向这些地方聚集，想买到物美价廉的产品。

还有的客户喜欢讨价还价，想要通过压低价格的方式，花最少的钱来买自认为最好的产品。比如，有些女士在买衣服时，就会常常和销售人员“砍价”，向销售人员传达一种“你不便宜，我就不买了”的信息；或是以“你如果便宜卖给我，下次我就给你介绍生意”的方式来获得优惠。

遇到这样的客户，如果销售人员能够妥协，说“算了，今天就不赚钱，卖给你了”或是“这么优惠的价格卖给你，以后可要带朋友过来照顾生意”，那么，客户就会感觉占了大便宜，爽快地掏钱购买产品，并且还会因为买到物美价廉的产品而感到开心。

所以销售人员在向客户推销产品时，要学会利用客户贪图便宜的这种心

理，通过价格悬浮来俘获客户，促进客户成交。而很多商家就是利用客户这种贪图便宜的心理，成功地使自己的产品变成了市场上的“抢手货”。

那么，销售人员在销售产品时，究竟怎样做才能让客户感觉自己占了便宜，从而促成交易呢？

首先，要善于“**打心理战**”。爱占便宜是人们的一种普遍心理。对于爱占便宜的客户来说，有时候哪怕这些产品短期内用不上，但只要能够享受到足够的实惠，他们还是会毫不犹豫地购买，以备不时之需。所以针对客户的这种心理，销售人员可以通过各种促销手段，给客户制造优惠的机会，刺激其购买行为。

图 2.9　客户的贪便宜心理

其次，要学会“**打价格战**”。虽然客户喜欢一些赠品、小礼物，但他们最为关心的还是产品的价格。只要你给出的价格足够优惠，就能吸引到客户的目光。所以销售人员不妨经常举办一些优惠活动，比如“两件八五折、三件七折”“满多少减多少”“买一赠一”等促销活动。这样一来，很多客户就会蜂拥而至，想要获取更多的优惠。

还有就是，要学会“**小恩小惠**”，不定期地赠送一些礼品来拉拢客户。除此之外，销售人员在向客户销售产品时，可以适当地赠送一些积分、小礼品或者代金券，以便让客户感到自己得到了一些优惠。

对于很多客户来说，这样的活动是非常受欢迎的。我们可以利用赠品来吸引客户的目光，满足他们贪图便宜的心理。这样不仅可以趁机拉拢客户，还可以让销售人员受到客户的欢迎和青睐，继而有效地促成交易。

不过，销售人员还要给客户制造**紧迫感**。比如，向客户传达这样一种

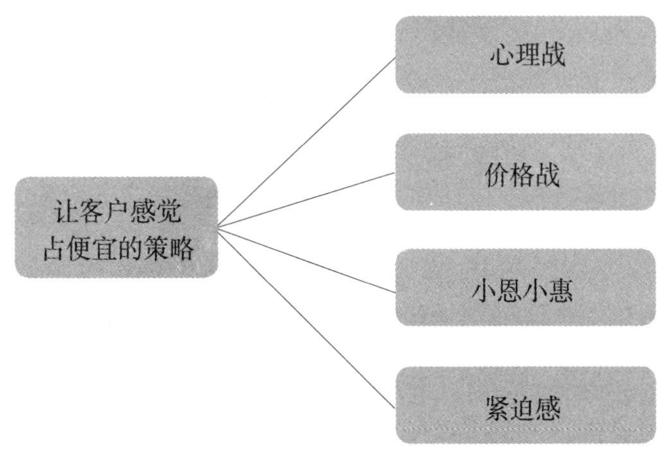

图 2.10　让客户感觉占便宜的策略

信息："优惠不是天天有，买到就是赚到。"如此一来，客户的购买欲望就会更加强烈，恐怕自己错失了"占便宜"的大好机会。实际上，大部分客户并不会对产品的真实价格进行研究，他们心中只是希望能买到"便宜"的产品。

因此，销售员只要掌握了客户喜欢占便宜的心理，就可以利用价格的差距来俘获客户的心，从而有效地促成交易。但是在使用这个销售策略时，我们也要注意拿捏好分寸，既要充分地满足客户占便宜的心理，也要让客户得到实实在在的优惠，而不是利用某些不正当的手段来忽悠客户。只有这样，我们才能在短时间内售出自己的产品，并且与客户保持长久的互惠互利关系。

第3章

角色重塑

——销售人员的真正角色是辅助者，并不是决定者

成交率的高低是决定销售人员水平的重要指标。要提高成交率就要努力完成自我提升，必须从告知型销售转变为顾问型销售。不是以销售人员的身份出现，而是以该行业专家顾问的身份出现；不是以卖给客户产品为目的，而是以协助客户解决问题为目的；不是以自己的脑袋去想，而是用客户的头脑去想，成为客户的决策顾问。

引导客户做决定，而不是替客户决定

一个优秀的销售人员，必定善于把自己的理念和观念输入给客户。善于引导是每一个营销高手的共同特征之一。如果你了解销售这门技巧和艺术，你就会明白，让客户接受自己的理念和产品，**替客户决定并不是明智选择**。很多时候，我们只要**巧妙地引导客户**，就能够让客户的想法自然而然地走到我们设计好的道路上去。这种手法是最高明的说服手段，也是最高明的营销技巧。

从心理学的角度讲，人是一种本能动物。在人际交往中，我们心中往往会本能地给自己砌上一道墙，因为害怕自己遭受某种不确定的损失。所以有时无论销售员怎么努力地推介，有些客户就是丝毫听不进去。怎么办？其实，解决这种情形最有效的办法，就是学会去**引导客户的想法，让客户自己做出决定**。

韦伯是美国费城电力公司的销售员。他负责的业务是向费城郊区的农场主推销公司新研发的农场新式采光设备。由于是新产品，价格也不便宜，所以推销工作很是艰辛。但经过韦伯不断的讲解和劝说，不少农场主已经购买了这款新产品。只有远郊的一个老妇人是比较棘手的客户。尽管韦伯来过很多次了，但每一次都被老妇人谢绝。怎么办呢？经过一番认真的思索，韦伯决定改变一下销售方法。

这一天，韦伯又来到这家农场。这位老妇人见韦伯走来，不等他开口就准备关门。她连介绍产品的机会都不想给韦伯。这时，韦伯笑着抢先说道："尊敬的太太，请您等一下。很抱歉，打扰您了！我知道您对我们的产品不感兴趣。可是，我这次登门不是来推销的，而是来向您买一些鸡蛋。"

听韦伯这么说，老妇人转身把门开了一条缝，用警惕的眼光盯着他，问道："你为什么跑这么远来我这里购买鸡蛋？"

韦伯不慌不忙地回答："上一次来您家里，我看到您在用小米、青菜喂鸡，回家便和太太提起了这件事。太太觉得吃天然饲料的鸡下的蛋一定很好吃，便让我来买一些。"

听韦伯说完，老妇人从门里走了出来。她的态度也比以前温和了许多，并且主动地与韦伯聊起了鸡蛋的事。

简单地聊了几句后，韦伯问道："据我所知，用自己配的天然饲料喂鸡，不如喂成品饲料长得快，而且下蛋量也少。这样一来您岂不是很吃亏？"

老妇人叹了一口气，说道："成品饲料营养价值不高，鸡蛋的质量也不好。我只是想做点儿良心生意，不想挣黑心钱。虽然我的鸡蛋产量低，但个个都很有营养。"

"做生意当然要讲良心。"韦伯紧接着说道，"其实，用天然饲料喂鸡，也能实现高产量。这样的话，您就既能做良心生意，又能挣到更多的钱。”

此时，老妇人对韦伯最初的反感已经荡然无存，连忙追问道：“真的吗？怎么做？”

这时，韦伯才缓缓地引入主题。他告诉老妇人，如果鸡舍里能够安装新式的采光设备，让鸡多接受一些光线的照射，就可以增快发育，提高产蛋量了。

老妇人听了若有所思。过了一会，她表示愿意试一试新式的采光设备。于是，老妇人向韦伯订购了一套新式采光设备。

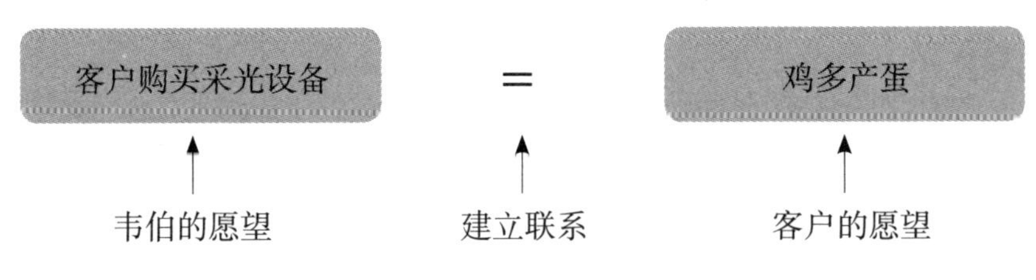

图3.1　韦伯的销售思路

但凡优秀的销售员都不会把自己的决定强加给客户。因为他们很清楚，强加是没有用的，必须想办法**让客户自己认可**。正如上述案例中，韦伯并没有一味地向老妇人推销，而是通过不显山不露水的提问，巧妙地将鸡的产蛋量和自己推销的采光设备建立了联系。在聊天时，他通过分析鸡的产蛋量和光照时间的关系，从而刺激了老妇人对采光设备的需求，并最终促使老妇人自己做出了购买采光设备的决定。韦伯这一推销过程很值得我们学习和借鉴。

作为销售人员，必须明白的是：一个人做出决定，是需要自己领悟的。客户在决定成交之前，需要给自己一个充分的购买理由。那么，客户的购买理由和决定依据来自哪里？是你喋喋不休的介绍吗？是你“填鸭式”的猛烈攻势吗？当然都不是，而是通过引导，一步步地去改变客户的想法，让客户发现自己的确需要这件商品或这项服务，并且认同这件商品或这项服务可以改善他们的人生或是给他们带来便利。此时，客户自然就会产生购买产品的欲望。

尊重客户购买想法，千万不要试图强行改变

虽然在生活中，仗义执言是一种美德，但是在销售工作中，有话直说有时候却并不是一个明智的选择。在中国，有些场合要学会**委婉的表达**。这是一种美德。中国人最看重人情，也最讲究“中庸之道”。因此，在有些场合，学会委婉表达是一种必须具备的沟通技巧。而在销售工作中，客户的要求层出不穷。对于那些不合理的要求，我们往往要**学会拒绝和反驳**的方法和技巧。既能婉转地拒绝，又不让客户觉得自己被反驳，丢了面子，这才是最适合的表达方式。

超市里，销售员小西正在推销一款电压力锅。一方面，他现场演示如何使用锅的各种烹煮功能。另一方面，客户还可以免费品尝食品。没多

久，周围就围了不少对电压力锅有兴趣的客户。一位中年女人走了过来，询问道："请问，你们这个牌子的电压力锅现在有特价，是吗？"

小西回答道："是的，我们的这款电压力锅最近正在八折销售，而且立刻购买的话还有锅铲、锅盖、小蒸笼等礼品相送。"

中年女人对产品很有兴趣，打算进一步向销售员咨询电压力锅的问题。此时，另一位年轻女人突然出现了，拉住了中年女人的手，说道："别听他的，我之前买过这个牌子的电压力锅。做饭慢不说，还总是容易溢锅，一点儿都不好用。"

中年女人听了那位年轻女人的吐槽，似乎已经下决心要走了，小西连忙说："很抱歉，我们之前的产品为您带来困扰。上一代电压力锅的确不够好，存在着各种各样的问题。"

年轻女人听到小西的道歉后，得意扬扬，脸上的表情似乎在说："快看，我说得没错吧。"

小西又继续说道："本公司的新一代产品吸取了之前的教训，将您说的问题都进行了改善。如今，困扰您的问题已经不存在了。您愿意试试我们的新产品吗？我跟您保证，您之前说的问题绝对没有了。"

年轻女人犹豫了一下，说："那就让我的这位朋友试试吧。要真是像你说的那样，她对这锅满意的话，就让她买一套。"

接下来的事情显而易见，中年女人在试用的过程中得到了和小西描述一致的体验，最后买下了产品。

很多时候，销售人员不妨先承认客户说的是对的，哪怕是不实的指控。不要试图在第一时间改变客户的想法，因为一旦极力否认客户的观点，与客户发生争执、撕破脸，那么就彻底没有机会了。

在客户持有不同想法的情况下，销售人员不妨采用“**置身事外**”的态度，以“**第三方**”的心态来与客户沟通。很多客户不喜欢和销售员打交道。他们有需求，有想要的产品，但如果是由销售员来为他们推荐，他们就会本能地选择拒绝。销售员面对这种客户时置身事外是最好的选择。

所谓置身事外，就是以“第三方”的身份来推销产品。我们可以在闲聊之中得知客户的需求，将客户引向我们的产品，最后才暴露我们的身份。这样可以在客户对我们产生抵触情绪之前就说服客户，让客户选择购买我们的产品。

图 3.2　沟通三步骤

作为销售人员，在回答客户问题的时候，要讲究技巧。这技巧主要是指针对客户对某一产品提出疑问时所做解释说明的技巧。其主要目的是说服客户购买产品，却又不能让说服的意向过于明显。这就要求销售人员以富有技巧的语言来提高客户对商品的兴趣，消除客户疑虑，并最终促成销售。

首先，我们要掌握好**迂回表达**的技巧。对于客户提出的疑问，我们有时不便于直接回答，特别是客户对产品产生“异议”时，更不宜“针锋相对”地反驳客户的观点。此时，采取迂回曲折的方法以守为攻，则很有可能会达到事半功倍的效果。

我们要学会运用变换句式的技巧，说白了就是玩一些文字上的小把戏，打心理战。当客户选择某一产品，但是认为价格太高时，销售人员对这一问题有两种回答方法：一种是“这种产品虽然价格稍高了一点儿，但质量很好”，另一种是“这种产品虽然质量好，但价格有点儿贵”。这两句话虽然只是前后顺序颠倒了一下，但给人的理解和印象却完全不同。前一种说法会使客户感到这件产品质量好，有购买价值。而后一种说法则会使客户感到这件产品不值那么多钱，买了不合算。显然，掌握合适的应答技巧，不让客户觉得自己的想法被否定，是十分重要的。

对于销售人员，虽然说客户是“上帝”有些夸张，但是客户的确是销售员们的“衣食父母”。在任何情况下，试图强行改变客户的想法都是极其错误的。即便是错在客户，销售人员也不能采用直接反驳对方这种有失职业水准的交流方式。因为销售人员的所有行为都必须为成交这一最终目的服务。不管是何种情况，何种理由，销售人员都要牢记一句话："不要得罪自己的衣食父母。"

一视同仁，别犯以貌取人的低级错误

日本著名的"销售大王"原一平曾经向销售人员提出这样的忠告：关心你的客户，重视你身边的每一个人，不要以貌取人，平等地对待你的客户，是成功销售员的选择。

从本质上来讲，**销售其实就是待人之道**，要把你面对的每一个客户都当成来家中做客的亲朋好友来对待。我们不可能做到让每一个客户都感觉宾至如归，但是我们至少要让每一个客户都感觉像到了亲戚或者好朋友家中，周围的人对他热情礼貌，没有受到冷遇。因为只有让客户感觉到舒服和愉快，他们才有可能成为我们真正的客户。

如果想成为一名优秀的销售人员，就要**发自内心地尊重客户**，首先要接纳客户本人以及他的企业，包括客户的外表，不管他长什么样子；接纳客户的性格，不管他的脾气有多么的古怪；接纳客户的穿着打扮，不管他的穿着打扮是平实朴素还是高调新潮；接纳客户的要求，不管他的要求有多么不合理，当然要以不违背基本道德和法律为前提……

总之，我们要**尽可能地接纳客户的一切**，不管客户与我们的认识和理解有多大的差距，不管客户为我们带来的订单是大还是小。换句话说，我们要**放下自己的看法、观点、判断和主张**，才能够尽最大可能地接纳客户，满足客户的需求。只有这样才能够让客户感受到尊重。

在日常的销售工作中，我们要明白：进店的人不见得一定能成为客户，但客户肯定会进店。任何人进店，作为销售人员，我们的服务都要保证同一水平。不能以客户的外表、着装来判断其是否能买得起产品。如果销售人员连一个客户都不能好好接待，还怎么能做好销售工作呢？

通常来说，销售人员以貌取人和先冷后热的态度，往往在他们还来不及展现自己的销售技巧时就已经把潜在的客户彻底地赶走了。更何况有些潜在客户潜得太深，他们的表象往往会让销售员产生误解。所以以貌取人不仅是对客户最大的不尊重，也是销售人员最容易犯的错误。这就等于你从一开始就放弃了促成销售的机会。对于销售人员来说，还有什么错误比这个更严重呢？

更重要的在于，一视同仁，把每一位客户奉为上宾。这是对每一位信任我们和产品的客户的一种回报与尊重。无论客户能否在我们这里买到称心如意的产品，能否成为我们的回头客，我们都要给他们一个好心情。虽然今天不能为客户找到一款合适的产品，但是最少能为客户提供真诚的笑容和好心情，这才是一个优秀的销售人员面对客户时的正确做法。

作为销售人员必须明白，无论是哪个国家，哪个地区，文化差异有多大，都至少有一个共同点，那就是**每一个人都希望被尊重**。不论是你的客户、商业伙伴，还是你的员工、家人，都需要被尊重。这是做事情的前提和基础，也是销售工作最基本的原则。

以貌取人是销售人员的大忌。因为它有违人与人之间最起码的相互尊重。歧视任何一位客户都是最不可取的最低级的错误。作为销售人员要永远杜绝这样的低级错误。如果我们在销售工作中以貌取人，无异于在刻意地拒绝我们的潜在客户。这有悖于任何正确的销售理念。因此，以貌取人，是销售人员最大的忌讳，是最不能犯的错误。每一位销售人员都必须牢记。

为客户做购买辅助，切记语气要因人而异

我们一再强调销售中沟通的技巧，那是因为这关系到我们的销售目标能否实现。当我们与客户交流时，绝大部分目的是说服客户购买，或是引导他们说出自己的需求，或是有求于客户，给他们留下一个好印象。但是不管我们的目的是什么，选择什么样的沟通方法，都必须要**保证沟通气氛的和谐**。

为此，我们不仅要做到语言生动，具有吸引力，而且，要注意**根据不同个性的客户来调整自己的说话语气**。因为不同脾气的人需要不同的沟通方式。如果我们在态度、语气上出了问题，就会导致不必要的误会，甚至

导致丢了订单。

小乔是一个年轻的姑娘，打扮得非常时尚。美中不足的是，小乔的脸上长了一些雀斑。她在超市的化妆品区域徘徊，想要寻找适合自己的化妆品。

这时候，超市负责化妆品专柜的销售员小夏过来了。她热情地对小乔说："姑娘，你看你脸上的雀斑多明显啊，让你看起来老了好几岁。"然后，她拿来一小瓶化妆品，说道："我们这款祛斑产品不错，你不如买一瓶试试！"

听了小夏的话，小乔的脸色立即变了，冷冷地说："不用，我不买！"

小夏依旧没有意识到自己的问题，一副自来熟的模样追着小乔说："你说你年纪轻轻的，脸上长斑，为什么不赶紧用祛斑产品弄掉？这多难看！这将来会更严重的……"

她还没有说完，小乔就气呼呼地走了！

可以说，小夏犯了一个非常低级的错误。虽然她看到了小乔的需求，但是她那不恰当的态度和语气却极大地伤害了小乔的自尊心。要知道，一个打扮漂亮的女孩，一眼看上去就是非常注重自己的容貌和形象。这时候，小夏热情过了头，在公众场合大呼小叫地说她长了斑，太难看，小乔能不生气吗？

如果销售人员能够根据姑娘爱美的特点，以及想要祛斑的心思，首先赞美一下姑娘的穿着特别有品位，长得漂亮，然后，再旁侧敲击地推荐一下祛斑产品，那么，效果就不一样了。比如，销售员说："姑娘，你长得这么漂亮，又这么会穿衣打扮，要是能把脸上的小斑点处理掉，那样就更加完美了！”

很明显，这种语气和态度让人听起来心里就舒服多了，不是吗？

销售是与人打交道的工作，我们需要研究与我们打交道的客户，摸清他们的性格、职业、兴趣爱好、心理特征等等。销售员不仅要针对不同的环境和客户，制定适宜的销售话术，更要注意与不同客户沟通时的说话语气。

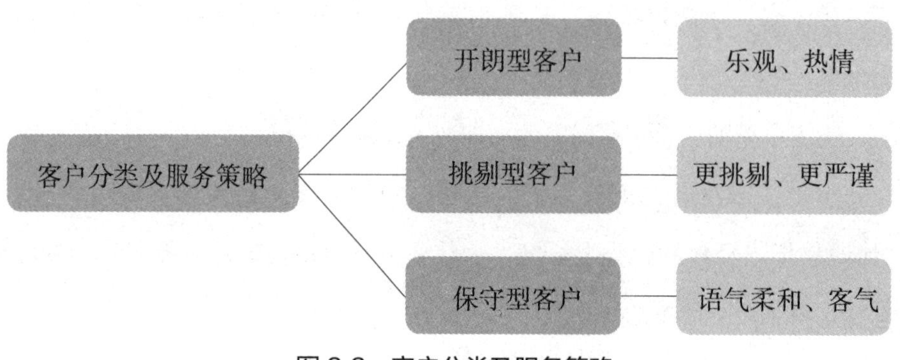

图 3.3　客户分类及服务策略

我们不妨结合客户的性格、学识、经历等特点把客户进行简单的分类。比如面对开朗型、挑剔型和保守型的客户时，我们应该分别采用什么样的语气去沟通呢？

1. 对待开朗型客户，我们要乐观、热情。

那些擅长交际的开朗型客户，通常喜欢说笑，不拘小节，高兴或者不高兴等所有的情绪都会写在脸上。他们喜欢和人聊天，好奇心也很强，很容易被调动起情绪。

所以跟这种类型客户交流的时候，销售人员要调动起自己的积极性和热情，使自己的谈话更具有感染力。同时，销售人员要找到合适的话题，找准谈话的时机，千万不要在他们兴致不高的时候喋喋不休。

2. 面对挑剔型客户，要做到比客户更挑剔，更严谨。

很多客户总是被销售人员背地里称为“处女座客户”，因他们严谨得过了头，甚至到了挑剔的地步。这一类客户通常智商高，且做事认真、有条理，不放过任何一个细节。他们还非常注重外表，不喜欢和生活随意的人打交道，更不愿意和看起来不专业的人沟通。

因此，和这样的客户沟通，销售人员一定要用严谨甚至是严肃的语气，不仅语言要严谨，在话语中千万不要出现**大概、或许、差不多**等词语，而且，语气上一定要表现出**坚定和确凿**的态度。只有这样才能让客户觉得你是靠得住的。

3. 面对保守型客户，语气柔和、客气。

保守型客户通常很好接近和沟通，不会向我们提出什么难题，更不会随意地刁难我们。但是想要说服他们，也是一件不容易的事情。因为性格的缘故，他们做事很保守，害怕遇到风险，总是犹豫不决。

面对这种类型客户时，我们的态度和语气一定要和善，表现出自己的友好态度。在谈话过程中，我们要注意保持微笑，并时常与其保持眼神接触。最重要的是，面对客户犹豫不决时，千万不要一味地等待。我们可以适当地对客户施加一些心理压力，促使他尽快做出决定，但是千万别用盛气凌人的语气激怒客户。因为这样会让他们极其反感。

总而言之，在销售中，与客户沟通时的话术真的是一门大学问，连语气、声调等细节都要考虑周到。人的**秉性、脾气**各种各样。在销售过程中，我们必须摸清客户的性格和心理，随时调整自己的语气、声调，从而达到沟通效果最优化。

客户难以搞定，我们以退为进

作为销售人员，在遇到客户难以做出购买决定的时候，如何应对才能促成交易，是要讲究一些策略的。很多时候客户无法做出决定的理由并不像他们口中所说的那样。因而，我们在努力挽回订单起不到应有的作用时，不妨试一试兵法中“以退为进”的策略。即首先认可客户的想法。这样做首先可以避免与客户进行无谓的争论和纠缠，有利于我们控制交易气氛。

在这个前提下，就有了与客户继续交流的理由和气氛。我们不妨再运用其他技巧探知客户的真实想法，并做出准确的应对。这样处理问题的方法，让客户最终拍板成交的成功率是相当高的。

某销售员到一家睡袋制造厂谈生意。尽管他做了产品展示，但客户仍然没有购买的意思。此时，销售员已经失望了，便随意地插话说：“我前天看报纸，看到有很多年轻人喜欢露营，用的就是贵公司生产的睡袋，不知道是不是真的？”

这时客户忽然对销售员的话表现出了极大的兴趣，立刻侃侃而谈：

“没错，没错，本市所销售的睡袋有50%是我们生产的，而且，大多数产品都是适合年轻人野外游玩时使用的。我们的产品质量那是没话说，结实耐用，用的都是进口材料，而且价格也不贵……”客户饶有兴趣地讲了差不多半个小时。后来销售员巧妙地将话题引到了自己推销的公司产品上。客户询问了一些细节问题后，就愉快地在合约上签了字。

很多时候，销售员费了半天口舌，客户还是难以取舍并做出决定。这在很大程度上是因为销售员的话根本没有触及**客户真正的关注点**，没有引起客户的兴趣。如果你在推销产品的时候，引起了客户的兴趣，你的客户就比较容易接受你推荐的产品，甚至顺利签约。因为当你们已经像老朋友一样无所不谈时，你所说的话就相当于在以朋友的身份给对方提出建议，于是推销就有了90%的成功希望。

在推销陷入困境的时候，我们不妨尝试着转移一下话题。这样不仅可以排解客户准备拒绝你并离开时的焦虑和烦躁，也有利于找到与客户的共同话题，缓解沟通气氛。当你拥有了与客户继续沟通的机会时，随后就可以想办法把话题转移到产品上来。

当然，如果这次推销没成功，也不要气馁。我们的销售活动并不能够做到百发百中，不可能每次新客户过来后都能成交。毕竟在市场竞争激烈的情况下，客户可以选择的产品多样化，客户只选购我们一家的产品这种局面是不会出现的。但是在客户要离开的时候，你可以想好一个新的洽谈突破口，约好下次见面的日期。这样你就增加了解客户需求的机会，从而帮助你确定客户的购买意向，有针对性地推荐产品，促成交易。

日常销售中，**销售成功的概率大概在30%左右**，而对于初次见面的客户，这个比例会更低。因此，如何对待我们没有搞定的那些客户，也是一项重要的销售技巧。可以说，没有成交的客户占我们总客户的一大部分。如何才能拥有与这些客户的下一次沟通交流机会，是一项非常重要的工作。正所谓“留得青山在，不怕没柴烧”，那些没有成交的客户就是我们的“青山”。重视这部分客户，就等于保证了我们一大部分的客户来源。

如何对待难以“搞定”的客户，是考验一个销售人员是否成熟的重要标志。**善待未成交的客户**，并与其保持良好顺畅的沟通途径，对于销售人员而言，这是一种境界。达到这种境界的销售员必定对于销售工作有着深刻的体会和理解，也必定会在这种付出中得到客户的回报。所以作为销售人员，我们一定要牢记“以退为进”的策略。如果能够熟练地运用“以退为进”的策略，那么，你必然会获得大把的订单和业绩飞升。

思维换位

——销售需想客户之所想，方能抓住客户需求之所急

真正优秀的销售员不会直截了当地向客户推销产品，而是站在客户的立场帮助其选购产品。他用自身的言行举止向客户传达这样一种信息：我是在为您谋利益，而不是为了获得您口袋中的钱。要达到这种境界，就必须找到攻心的切入点。可以说，销售是一场心理博弈战。谁能够读懂并且掌控客户的内心，谁就能签下订单。

没有共情力，销售就没成绩

在与客户进行沟通时，销售人员不能喜欢什么就说什么，因为客户想听的很可能恰恰不是这些。因此，你必须提前考虑自己的话客户是否愿意听，喜欢听。不然你和客户的谈话只能是浪费时间，浪费感情。你必须**把每一句话都说到客户的心坎上**。也只有如此，才能打动客户。

怎样才能把话说到对方的心坎上呢？这就要求销售人员有“共情”的能力。销售员要揣测客户的心理，学会以客户的角度去看待问题。比如，从客户的言谈举止等细节中找出客户的爱好以及感兴趣的话题，然后有针对性地使用推销话术，这样在与客户沟通的时候就可以引起客户的兴趣，拉近双方的距离。

对于销售人员而言，这是一种很随和的接近客户的方法。当你遵循“先做朋友，再做生意”的原则，先和客户聊天，和客户做朋友，**以朋友的身份与客户交流**时，就很容易找到与客户的共同话题。当你逐渐与客户建立信任，关系变得比较融洽时，再向客户提出产品销售的话题，就不容易遭到客户拒绝了。要做到这一点，就要求销售人员见多识广。因为每个客户所感兴趣的方面各不相同。只有销售人员知识丰富，才能很容易地找到客户感兴趣的话题，从而打开客户的话匣子。在一定的环境下，与客户愉快的聊天往往可以消除客户的戒备心理。因此，**不是客户难以接近，也不是客户想拒绝你，而是你还没有找到客户感兴趣的话题**。

举一个例子，你喜欢吃韭菜饺子，但有的人不喜欢吃。虽然你想请朋友吃饭，但也要考虑朋友的口味和喜好。因此，当你与别人交谈时，勿忘“共情”原则，先问一下自己，对方最关心的是什么，你将如何满足他的需要。当你能够娴熟地运用共情原则时，别人才会对你的话感兴趣，才会喜欢与你交往。对大部分人而言，最有兴趣的话题就是他自己，或者是自己最喜欢的事物，而对别人不感兴趣。如果你想在谈话中引起别人的注意和好感，就必须要具备“共情”的能力，**想客户所想，感客户所感，急客户所急**。

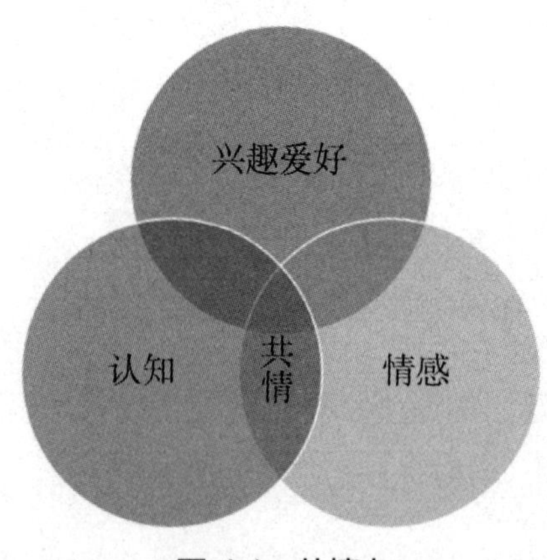

图 4.1　共情力

这个世界上有许许多多的群体，其中有相当一部分的群体并不是利益联结起来的。联结他们的是共同的**兴趣、爱好**，是**情感和认知上的共鸣**。如果我们能够找到合适的话题，以此制造与客户的共鸣，那么就很容易让客户把你当作自己人。

其实，我们制造与客户共鸣的机会有很多。我们在拜访客户的时候，往往要先寒暄一番才进入主题。寒暄的内容，就是我们制造共鸣的切入点。根据客户的不同，我们要选择的话题也不能相同。你的话题只有让客户感兴趣，甚至有一种感同身受的感觉，才会形成共鸣。如果找的话题不合适，就会让客户感到一头雾水甚至厌烦，那么就白白地浪费了一次交流的机会。

我们挑选话题有两种方式，一种是提前做好准备，另一种是大面积的撒网。针对不同的客户，我们要使用不同的话题。

在拜访客户前，我们要对客户的兴趣爱好、年龄职业、家庭状况都有一个最基本的了解。因为这些信息可以引出许多话题，并且可以引起客户的共鸣。比如，客户最关心的是什么，最近的热点新闻有哪些。当你抛出话题后，就可以等待客户说出自己的观点，随后你与客户站在同一个阵营，支持他的观点，那么就能够与客户产生共鸣。

丹尼尔·古德曼在其畅销书《社会智商》中提到，人类大脑最基本的功能包含阅读别人的表情和动作的能力，以确定那个人是朋友还是敌人。这不是一门精确的科学。大多数情况下，你需要在言行举止上或多或少地用一些心思。在与客户沟通前，你要**认真观察与客户有关的所有信息**，从对方的**言行举止、职业身份、服饰爱好**等方面入手，然后做同样的事情。因为这些都可以让对方产生一见如故的感觉。

例如，当你会见的客户是程序员时，就穿一件体恤，戴一块智能手表；如果你与世界 500 强企业的首席财务官见面，就穿一件阿玛尼西装，戴一块劳力士表；如果客户微笑，你就微笑；如果客户看起来忧心忡忡，你就表现出一种同情、担心他的样子；如果客户说话语速快，你也应该适当地调快自己的语速；等等。

要注意的是，我们**要通过“共情”来接近客户，而不是模仿客户**。没人会喜欢和自己一模一样的人。被人模仿更是一种感觉非常怪异的事情。我们要大部分保持自己的样子，小部分与客户“共情”，让客户在潜意识里亲近我们，而不是表现得跟客户一样，让客户产生直观的厌恶。

拜访前，请先做好客户情报工作

拜访客户是每一位销售人员都要去做的一件事。如同上战场的士兵要事先了解地形和对手的武器装备一样，销售人员同样也要提前去了解自己要拜访的客户，尽量做到全方面地掌握客户的各种信息。往往一个**微不足道的细节信息**就能成为销售人员优秀业绩的基础支撑。只要对客户的“情报”了解到位了，我们就能从客户的角度去思考，去了解他们日常生活中方方面面的细节，了解他们对于产品功能的各种需求，从而以小见大，一步步地掌握市场的需求。

很多时候，销售人员要想充分地了解客户，就必须了解客户背后的故事。这不仅仅是客户通信录中的电话、姓名等简单的信息，而是要包括客户的**企业规模、经营模式、行业状况**等相关内容。销售人员只有详细地了解了这些准确的信息和数据，才能在跟进客户与洽谈业务时更加得心应手，凯旋而归。

不过，对于每一位销售人员来说，处理庞大的信息量是最为头疼的事情。众所周知，销售活动在相当大的程度上是建立在丰富的人脉资源基础上的。因此，销售人员都格外重视人际关系的信息搜集和保存。尤其是当今社会高度信息化，人与人之间、企业与企业之间的沟通交流变得空前便捷，销售人员在获取客户信息方面也变得格外容易。但同时也带来一个弊端，即增加了客户信息处理的难度。如何从繁杂的客户信息中有效地甄别出有开发价值的客户，进行有针对性的拜访和推销，从而建立属于自己的客户群，也就成为一项颇有难度的销售技巧。

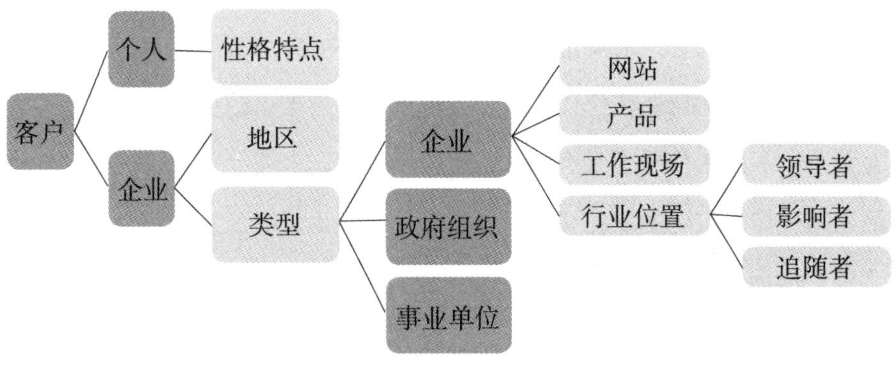

图 4.2　客户的基本资料

那么，我们应该从哪些方面来**搜集、整理、分析、甄别**客户信息，做好拜访前的“客户情报”工作呢?

首先，最基本的资料即客户名称。从客户名称中可以知道这个客户是个人还是企业，是属于内地企业，还是日本、欧美的企业。

然后，是公司地址。如果你对客户所在地区十分熟悉的话，从地理位置上，你就可以推断出客户企业规模的大小。

如果客户是企业的话，一定会有企业网址。如今是网络时代，我们可以通过网络来收集企业的相关信息，并系统地研究企业。值得强调的是，我们一定要注意研究客户的网站。这里面往往能够为我们提供很多有价值的信息。

此外，还有客户的产品。客户也是通过自己的产品为其客户提供服务的。所以我们有必要了解一下客户的产品。同时，我们甚至需要去了解一下客户的工作现场。在客户情况比较复杂的时候，我们甚至还需要了解客户在行业里面的位置，是属于领导者、影响者，还是追随者等信息。

如果客户是个小公司，你则需要了解这个公司的组织结构。如果客户是个大公司，或者企事业单位、政府部门，你需要了解与你会谈的客户代表在企业中的地位及客户代表与企业负责人、管理层的组织结构关系和利益关系。了解**客户的企业组织结构图**相当重要，就像行军打仗时必须有作战地图一样，结构图上的每个岗位都有可能是我们要公关的对象。这关系到销售活动的成败。有时候，很多销售人员销售进展到一半时就中断了，经理问他为什么没有继续跟进，他也回答不出来。因为他根本不知道随后的工作该怎么开展，该与谁联络。这时候，如果你的竞争对手是一位销售高手，那么他就会直接从客户的企业高层入手，很快就让你出局。

此外，客户的“性格特征”也属于我们必须搜集、总结和分析的重要信息。在销售过程中，我们需要了解自己的客户有什么样的性格，这样才能在实际的沟通中有针对性地采用适合客户性格特征的交流方式。

有些时候，“这个客户很难沟通”通常意味着：**不是客户难以沟通，而是我们没有找到与他的性格相切合的沟通方式。**

有的客户性格开朗活泼。这样的客户往往喜欢表达自己的想法。作为销售人员就需要让他说个够。因为这样的客户需要一个专心并且耐心的听众，而且，尤其喜欢别人赞美他。

有的客户性格比较沉稳一些。这类客户不太喜欢讲话。作为销售人员就需要引导其说话，否则，我们就没有办法获得客户更多的信息。同时，这类客户不太愿意主动做决定，需要我们去推动他做决定。

有的客户性格比较强势。这类客户一般非常有自己的主见，有自己的思想，而且，通常都比较固执，喜欢自己做决定，不喜欢销售员催他做决定。

还有一种客户的性格是完美型的，做事非常认真细致，思考问题非常理性。他有自己的行程计划和时间安排，不希望销售员过多地打扰他。而且，他喜欢用数字来说话。

客户“情报”永远是复杂的。很多时候，客户的身份并不固定，有可能是个人，也有可能是企业、事业单位、政府部门等等。如何整理并掌握客户资料中的各种内容，是一项复杂而艰巨的任务，需要每一位销售人员去用心把握。

根据客户类型，选用服务语言

我们都知道，在看电视和听收音机的时候，我们必须调整好频道才能欣赏自己想看、想听的节目，否则，再好的节目也无法正常地收看、收听。与客户进行沟通也是如此。我们必须调整好“频道”，并且，使用客户的“频道”，才能让对方产生共鸣。

然而，有很多销售人员在面对客户的时候，为了让客户了解更多的信息，做出正确的判断，他们在介绍产品时往往会不自觉地添加一些额外的内容。他们自认为这样有利于彼此的沟通，但是实际上却存在着一些弊端——由于考虑对方能否正确地了解产品，就一股脑儿地说出不合适的话，结果导致说了半天却白费力气。

王斌最近刚找到工作，在一家商场做家电销售人员。王斌考虑到自己之前没有从事这种工作的经验，对家电行业和专业知识不是很了解，所以他做了很多的准备工作。在刚开始时，他非常努力地熟悉产品资料，背下了自己所负责销售产品的型号、数据、技术特点等各种信息。正式上岗前，他满怀信心，相信自己能对客户的提问做到对答如流。

然而，做了半个月之后，王斌就开始失望了，因为他卖出去的产品非常少。为了提升自己的业绩，他左思右想，决定看看其他同事是如何把产品卖出去的，以便向同事学习销售经验，弥补自己的缺点。

有一天，商场来了一位大妈，在家电区转悠了一圈，最后在王斌的片区停住了。王斌赶紧迎上前去，询问大妈需要什么。大妈指着其中的一台电视，问他："这电视怎么样啊？家里的电视老出问题，我来看看有没有合适的。"

王斌很兴奋地告诉大妈："大妈，您看上的这台电视很不错，卖得相当好。这款就是现在比较火的智能型电视。您把电视安装好，只要连上无线网络，就能用电视机中已经装好的安卓系统下载各种 APP，想看什么就能看什么。而且，这款电视也支持 HDMI，还可以通过 USB 传送内容，同时支持 DLNA。您说是不是非常方便？您再看看这电视的外屏，是曲面屏幕，4K 高分辨率，图像看起来非常清晰。"

王斌本以为经过自己这一番详细的介绍肯定能说动大妈购买，可没想到大妈不耐烦地看了他一眼，说道："你说的都是什么？我一句都没有听懂。"然后，就直接走了。

王斌为此感到迷惑不解。他不知道为什么没有说服大妈。当看到大妈走到别的品牌电视区域时，王斌也悄悄地跟了过去，准备向其他同事取经。

只听那位同事不紧不慢地向大妈介绍了一款与刚看的那款功能差不多的电视。他介绍说："大妈，您看，这台电视是今年新出的款式，我们已经卖了好多台。它和现在的手机差不多，都是智能的。比如，您把它买回家，就不用再向广播电视台交有线电视费了。您只要连上家里的网络，想看什么节目都可以。您的手机也能和电视连接，想看看儿孙的照片或者视频都可以传到电视上看。您的手机也能当电视的遥控器使用。手机上正在播放的电视剧、电影，只要按一下右上角的TV键，就能够转到电视上看了。而且，这款电视的设计能保护眼睛，即便看电视时间久了，眼睛也不会酸累。还有它的画面也是特别清晰。”

这个同事说完之后，大妈点了点头说：“嗯，这台电视挺不错的，功能还挺多。那么，我就买它了。”说完，就去交款了。

如果从技术的角度说，王斌的介绍肯定是非常专业的，名词术语都运用得非常准确。但是这些专业性很强的产品介绍对于五六十岁的客户来说，却是很难理解的，往往让人家摸不着头脑。因为客户根本就听不懂他说的话，所以即便他说得再多也是白费时间。

销售人员在与不同的客户谈话时，应当认真地**选用适合客户的语言**。与客户沟通，最忌讳过多地使用**技术名词、专有名词**向客户介绍产品，使客户如堕五里雾中，不知所云。更忌讳的是销售员不考虑客户的实际情况，只顾着自己滔滔不绝地介绍产品。要知道，我们介绍产品是为了让客户了解产品的性能和优点，如果对方听不懂，你说得再专业，再有道理，又有什么用呢？

所以在销售的过程中销售人员要根据客户类型选用适宜的服务语言。销售员切忌话语不当，让客户不能充分、明确地理解你所要表达的意思。客户不能理解你，也就无法产生共鸣，也就不会产生心动。客户没有心动，当然也就不会产生购买行为。因此，销售人员应该把一些专业性很强的术语，转换为简单明了、通俗易懂、便于客户理解的话来表述，让人听得明明白白，才能达到有效沟通的目的，才会消除产品销售的阻碍，顺利成交。

让客户体会到，你是真心实意为他着想

销售说到底，还是关于人的学问。你只有设身处地为客户着想，才能让客户接受你的帮助，接受你的产品。

然而，许多销售员花了毕生的时间来销售产品，却从来不曾从客户的角度来看待事物。

戴维说："我在森林山街住了许多年。有一天，当我赶往汽车站时，偶然碰到一位不动产经纪人。他多年来一直在这一带买卖房产。他很了解森林山街的情况，因此，我急切地询问他——我那幢房子的建筑材料是金属板条，还是混凝土预制板。他说，他不知道，并且告诉我，他可以给森林山街园林协会打电话了解这方面的情况。第二天早上，我接到一封他写来的电子邮件。他问我，是否已经了解到房子的情况。按说，他完全可以打个电话，用不了两分钟就可以了解此事。但他并没有这样做。他再一次告诉我，我自己可以打个电话去了解。"

显然，这个销售员对于帮助戴维并不感兴趣。他感兴趣的仅仅是帮助他自己，因而，他不会得到自己想要的结果。

卢克·布莱恩特有过这样一段经历。他认识的同一家保险公司的两个销售员在处理同样的问题时做法却是截然不同的。

若干年前，卢克在一个小公司工作。在公司附近有一家大型保险公司的地区办事处。保险公司的业务是按地域划分的，因此卢克所在公司的保险业务由销售员鲁尼和哈里来负责。

有一天早上，鲁尼在卢克的办公室小坐。他随口提到保险公司刚刚为经理人员开设了一种新型的人寿保险。鲁尼认为卢克也许会对此保险产品感兴趣。他表示，当他了解到这方面的更多情况时会来告诉卢克。

同一天，哈里在便道上看到卢克刚刚喝完咖啡回来。他大声地喊道："嗨，卢克，我有一些非常重要的好消息要告诉你们。"他快步走过来，非常兴奋地把保险公司为经理人员开设的人寿保险告诉卢克（同鲁尼随口提到的保险新产品是同一回事）。他想让卢克和经理们成为这款保险产品的第一批受益人。他把公司的经理们找来召开保险产品说明会，并且就投保范围向卢克和经理们做了详细介绍。最后他说："这种保险形式很有新意。我打算明天从总部找一位保险顾问专门给大家讲解一下。现在，咱们就在这儿先把申请表填一下。另外，大家有什么问题，可以写在一张白纸上，一起交给我。这样明天大家就能够及时地得到问题的答复。如果明天大家还有新的问题，也可以在保险产品讲座上向老师提问。"他的热情与真诚感动了大家。卢克与经理们纷纷急于参加这种保险，尽管他们并不了解保险产品的具体细节。但是后来的情况证实了哈里对这种保险的初步理解。

他不仅使卢克与经理们每个人都参加了保险，而且，后来还帮助他们把投保范围扩大了一倍。

鲁尼本来也可以做成这笔交易。可是，他没有设法激起卢克与经理们参加这项保险的任何愿望。

这个世界充满了钻营和追名逐利的人。因此，那些不大多见的、无私的尽力帮助他人的人便拥有了巨大的优势。因为他没有竞争对手。著名律师欧文·扬曾经指出："那些能够设身处地为他人着想、懂得他人心理活动的人，从来不需要为前途未卜而忧心忡忡。"

要想帮助客户购买产品，销售员首先要学会为客户着想，**从客户的角度看待问题**。也就是说，要使客户依照"你希望的那种方式"去做，就应该跟那些你想去影响的人交换意见。

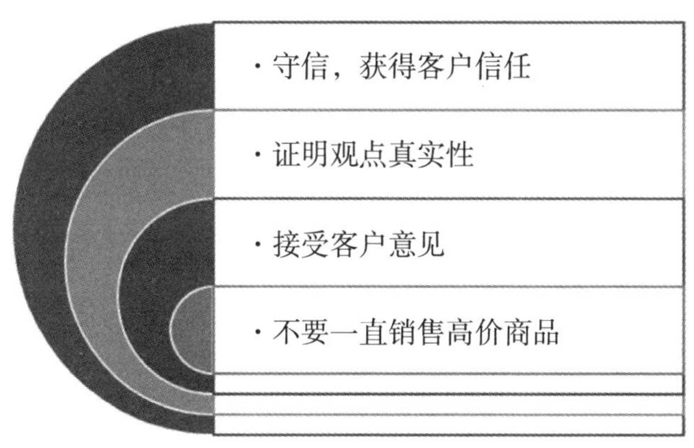

图 4.3　为客户着想

那么，我们要怎样做才算是为客户着想呢?

1. 要守信，才能让客户信任。

言而有信，才是真君子。你要以自己的言行博得客户对你的信任，并且相信他的权益也会由于你信守诺言而得到保护。令人痛心的是，许多销售员的保证不过是一纸空文。如果书面保证在执行中受到限制，你应当提前向客户解释清楚，尽量获得客户的谅解，并采取相应的补救措施。

2. 用证据来证明观点的真实。

你的销售卖点必须有**事实根据**，让人听起来有理有据。如果过分地夸耀你的商品，就会使人难以置信，或者使客户无法核实你说的话是否准确。即使你说的完全是事实，也会使客户对此产生怀疑。

因此，任何时候都应当拿出充分的证据来证实你的卖点的真实性。无论如何，直截了当地向我们提出质疑的客户毕竟是少数。许多朋友之所以没有获得客户的订单，其原因就是他们过高地估计了客户对其商品的信任程度，过低地估计了**向客户提供证据**的必要性。客户购买你的商品是要付钱的。他们不会，也不能随随便便地浪费自己的金钱购买你的东西。因此，销售商品时我们一定要拿出充分的证据来证明你的观点的真实性。

3. 接受客户的意见。

拒绝接受客户的反对意见，会使你的整个销售工作毁于一旦。因为如果你对客户的反对意见置之不理，当你反驳客户提出的意见时，即使客户的意见毫无根据，客户也不会相信你。有时候，销售员企图对客户的反对意见逐一驳斥。这说明他内心存在着一种害怕心理。因为他觉得对反对意见不加以反驳就有可能丧失成交的机会。销售员之所以向客户证明他的产品绝对可靠，其唯一目的就是表明他的一切努力都是为自己辩护，并证明他是正确的。因为对客户来说，任何一种商品都有其固有的长处和短处。

只有在它的长处大于短处时，客户才会做出购买决定。另外，**固执的销售员往往会使客户变得固执起来。**

尽量**坦率地承认商品的缺点**，客户不仅不会对你的商品失去信心，反而会认为你这个人诚实可靠，是为自己着想，因而更有可能与你达成交易。

4. 别总是销售高价商品。

并不是每个客户都买得起所谓奢侈品，买得起的客户也并不是只需要和永远需要这些。比如普通客户不会需要大型高精密度的和每秒运转速度达 10 亿次的电子计算机，他也不一定买得起这样的计算机。你向他销售这种计算机只是给客户造成了不必要的负担和损失。

为客户着想，总的来说就是不要总是向他们销售过于昂贵、华而不实的商品。如果你对此不注意，不重视，那么客户就会怀疑你的销售动机，就会认为你之所以这样做完全是为了增加个人收入。在同时向客户销售几种商品的情况下，不要一开口就介绍你的高端产品。但是如果你从蛛丝马迹中发现客户确实需要某种高端产品时，就应该不失时机地介绍给他。

此外，优秀的销售员应有远见卓识，不为某些诱惑人的交易机会所动。如果你发现客户购买你的商品完全是由于无知所致，或者客户对购买的产品感到不满意，那么你应当放弃成交机会，并把你的想法告诉客户。任何一位客户都会为此真诚地感谢你。你虽然会因此而失去一份订单，但是可能会因此赢得客户的信任，使他成为你的老主顾，甚至把你当作他的参谋和朋友。

明白客户想要什么，尽量给予心理满足

在销售中如鱼得水的销售员都有一个秘籍，就是面对客户时，总是能够精确地捕捉到客户的想法，并且想尽办法去满足客户。简而言之，就是你在面对客户时，要先了解对方的需求与心理，去聊一些客户感兴趣的话题。等得知客户的关注点有哪些，并且满足客户的需求之后，再说出你的目的。只有这样，才能轻松签单。

王慧是一家企业的销售员。虽然她年纪不大，但工作能力特别突出。这一次，公司派给她一位非常重要的客户。王慧觉得，这次生意她一定会谈得很顺利，因为自己公司给客户开出的条件非常不错。而且，这位客户是自己公司的老客户推荐的。

然而，让王慧意想不到的是这次生意谈得并不顺利，客户一直迟迟不肯签单。疑惑之余，王慧暗中打听了一番，发现另一家公司也在与这位客户谈合作，并且开出的条件比她更优惠。然而，这位客户并没有与那家公司签约。因为王慧所在的公司比那家公司更大一些，知名度更高一些，口碑也更好。所以客户一直在斟酌。

为此，王慧一直在与那家公司竞争。这笔大生意不到最后谁都不肯轻易地放弃。她也深知，在给客户开出的条件方面，公司并没有什么优势，而且她也无法给予客户更多的优惠。所以她必须寻找新的突破口。就在这时，一个机会出现在她眼前。

这一天，王慧约客户吃饭。期间，客户接到了一个电话。虽然客户只说了短短几句，但王慧知道，客户正在办理出国手续，想去国外参加儿子的毕业典礼，只不过中间遇到了一些麻烦。王慧了解这件事后，当下就对客户说："别的条件我无法答应你，但我可以为你申请一个去国外培训几周的机会。"

客户听后，眼前一亮。他现在正愁找机会去国外参加儿子的毕业典礼呢！王慧开出的这个条件正好符合他的心意。于是，他与王慧隔天就签下了合同。

此后，这名客户点名邀请王慧与他谈生意，并且签单的数额越来越大。王慧也因为业务能力突出，被破格提拔为部门经理。

在销售过程中，聪明的销售员都懂得"**将欲取之，必先予之**"的道理。他们在与客户商谈时，都会留心客户的一举一动，私底下也会打听到客户的喜好。只有满足了客户的心理预期，客户才会有所松动，继而将订单交给你。王慧正是因为洞悉了客户的想法，并且充分地满足了客户需求，才令客户在感激之余将订单交给了她。

洞悉顾客心理预期，准确制定价格策略

从本质上来说，**销售其实就是一种心理战术**。成功的销售员会通过打破客户心理防线，洞悉客户的心理预期，最终制订出符合客户意愿的价格策略，让客户乖乖买单。在这样的心理学原理支配下，很多时候客户对于价格的理解和接受程度会表现出不符合常理的特点。

在过去，湖北丹江一带盛产橘子，不仅水分足、甜度高，还没有籽儿。每年的秋天，丹江两岸的山沟里漫山遍野都是成熟的橘子。可是，因为当年的交通还不发达，许多山沟里的橘子根本卖不出去，只有少数地势平缓一些的地方，村民可以开垦出果园，每年采摘后拿到城里去卖。

小贾和小易家里都有果园，而且他们是邻居。两家的橘子树只隔了几米远，每年树上结的橘子颜色、大小都差不多。每年橘子丰收之际，小贾和小易就用拖拉机拉上一车橘子，花上一天的时间来到北边另一个不产橘子的城市去贩卖。

这个城市是平原城市，人口众多，有东西两个集市。在东市集卖橘子的小贾本着“薄利多销”的想法，把价格定得很实惠，可是依然每天卖不

了几斤，而在西市集卖橘子的小易却恰恰相反，要价贵，而且每天的橘子都不够卖。

东市集的小贾心里很着急。他猜测一定是西市集的人比东市集的人多，于是就要求和西市集的小易换换场地。小易很爽快地答应了。

可是一天下来，小贾在西市集依旧没有卖出多少橘子。他还发现西市集的人根本没有东市集的人多。而小易去了东市集后，依然将橘子卖了个精光。

小贾为了找到原因，他特地休息了一天，专门去看小易有什么卖橘子的高招。他一来到市集，就看见小易在大声叫卖："大家快来看一看我的橘子。我的橘子是纯天然的，一分一毫的化肥都没有用过！家里在山上的橘子树林里养了鸡，平时鸡吃虫子，粪便当肥料，地道的纯天然有机肥。我的橘子个个都是精心挑选的，又大又甜，没有籽儿。这可都是绿色有机水果，大城市里贵得很，快来挑快来选了！"

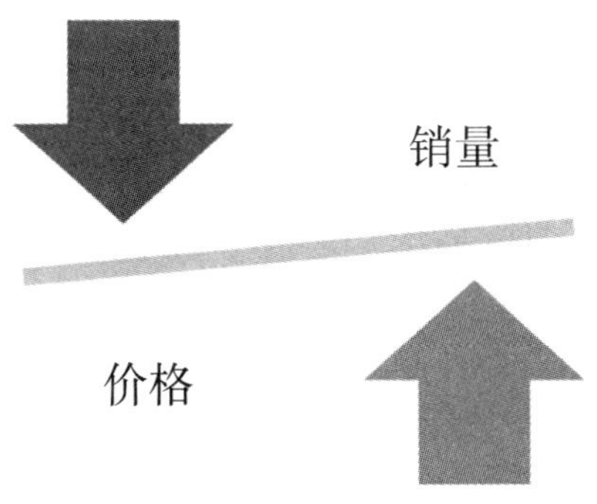

图 4.4　价格和销量的关系

小易一声吆喝，人群全都围了过去。接着，小易又开始介绍人类发现橘子的历史和橘子的栽种史，还介绍了一些有关绿色有机橘子的知识。原本还在观望的人群听他说完后，都觉得他的橘子卖得贵肯定是有道理的，纷纷掏钱购买。没一会儿，满满一车的橘子全都卖个精光。

为什么同样的东西，定价贵反而卖得更好？在销售工作中，这就是客户购买心理预期与销售人员定价策略之间的微妙关系。除此之外，销售人员还要了解一些定价方面的策略和技巧，以便做到娴熟于心，能够灵活运用。

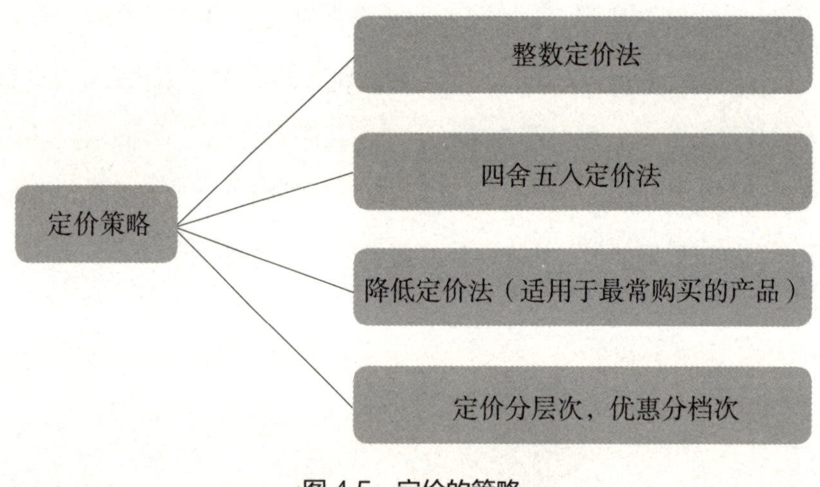

图 4.5　定价的策略

比如，定价可以利用客户**对数字的认知习惯**来确定。这是一个比较老套的方法，但是非常实用。早在多年以前，就有营销高手发现人们对**整数数字**是非常**敏感**的。例如，定价 99 元，在人们心里这是一个不到 100 元的产品。但如果是定价 101 元，那么在人们心中这款产品的价格就是 100 多。实际上，这两个定价相差只有 2 元。但是在人们心中，它们已经被划到了两个截然不同的档位上。所以我们在定价的时候要尽量避免整数，减少 1 元钱，就能让客户心中感觉产品便宜了一大截。

整数的定价还可以延伸出另一种策略，那就是**四舍五入定价法**。这种定价方式主要源自人们对于定价说法的不同，一件 43 元的产品，人们会说这件产品的价格是四十出头。而一件 47 元的产品，人们就会说这件产品价格将近五十。四十出头和将近五十，听起来要差 10 元左右，但实际上只差了 4 元。但是这种差距可以让我们的定价更灵活。有时候我们只要舍弃几元的利润就能让客户更愿意购买我们的产品。

此外，我们还要明白，产品与产品之间也是有差距的。比如，有些产品毛利较低，销量不错，很多客户都喜欢。当客户进行货比三家的时候，往往对比的就是这些最常购买的产品。正确的定价策略就是降低这些产品的定价，这能让客户在选择的时候产生一种我们卖的产品比别人更加实惠的错觉，让客户更加愿意购买我们的产品。

最后，**定价要有层次，优惠要分档次**。任何一款产品定价都是有说法的。就拿快餐店里的饮料来说，两个小杯的价格就等于一个大杯，但是容量只有大杯的一半。这里面的确有包装成本较高的因素，但更多的因素是商家的定价策略旨在诱使客户更多地购买大杯饮料以便提高销量。我们在给产品定价时也要遵循这种策略，买得越多，就越便宜。

做活动，给优惠同样如此。如果优惠幅度是满 100 减 25，满 200 减 50，这对客户来说显然缺少诱惑力。因为满 100 和满 200 的优惠幅度是一样的。那么，客户自然是只要走进优惠的门槛就好，不会再想购买更多的产品。但是如果换成了满 100 减 20，满 200 减 50，满 300 减 100，那么，客户自然就会倾向于购买价格更高的产品，以便享受更多的折扣优惠。

作为销售人员，一定要弄清楚价格与客户心理预期之间的微妙关系，再结合一些相关的心理规律以及经济学原理，从而制定出最科学的价格。定价永远不是盲目地写数字。我们要考虑的是，当客户将我们的产品和别人的产品对比时，我们如何定价才能让客户更愿意购买我们的产品。而且，如果客户选择购买我们的产品时，那么我们如何定价才能让客户多买并且长期购买我们的产品。只有做到上述这些，我们的定价策略才是正确的。所以我们在定价的时候，最重要的就是符合客户的心理预期，从而让客户尽快掏钱购买更多的产品。

信任连接

——让客户觉得你靠谱，他才会试着接受你的建议

正所谓“物以稀为贵”，当大多数销售人员都在玩弄技巧时，没有技巧反而就是技巧。当大多数销售人员都在耍手腕时，最诚信、最坦率、最细致的服务就成为一种最前沿的销售理念。学会坦率做人的态度，比掌握高明的推销技巧更加重要。没有坦率的态度，再巧妙的推销手段也只能流于表面，无法打动客户的内心。

客户购买的前提，是他觉得你靠谱

通常来说，我们都应该明白，做销售的规律是：**只要一个产品有问题，你的全部产品就都会遭受怀疑。**说话也是如此，只要你十句话中有一句是谎言，你所说的话就都会受到质疑。因此，作为销售人员，最好不要有任何耍花招、投机取巧的念头，因为它有可能会毁掉你的销售事业。

况且，诚实坦率的语言也并非就是销售中的大忌。有时候，**诚实坦率也是一种说服的技巧。**在销售过程中，很多销售人员都企图用一种巧妙的表达方式让客户相信他们的话。但在现实中，并不是所有巧妙的表达方式都能起到这种作用。在网络时代，人们接触的信息量非常大，知识面也越来越宽。销售员单靠巧舌如簧来拔高自己的产品形象，是很难达到销售目的的。真正受欢迎的产品，还是要靠**实实在在的品质**，而不是靠花言巧语和耍心机。

我们做人要表里如一，不仅仅在面对客户的时候是这样，在日常生活中也应该如此。表里如一不仅是做人道德和原则上的要求，也是一种基本礼节的体现。与人沟通要讲究礼节，与客户交流更要注重礼节。作为销售人员，我们一定要明白一个道理：口是心非的人在生活中很难找到朋友，而在销售工作中，口是心非的销售员同样很难找到客户。我们要做到表里如一，杜绝口是心非。这不仅仅是销售过程中我们对自己的要求，也是日常生活中对自己的要求。

电脑销售员小贾认为，真正肯掏钱买产品的客户才是值得服务的对象，才值得他花费口舌和力气去服务。一天，他接待了一位要更换笔记本电脑配件的客户。最初，他接待客户的时候态度热情，满脸堆笑。当他拆开客户的电脑后，查看了一下要更换的配件，随后给了客户一个报价。谁知客户听了价格以后，说了一句："有点儿贵，我还是先不换了。"小贾马上就拉下了脸，将拆开的电脑放在一边，叫新来的实习生小马给客户装好。客户看了小贾的表现气不打一处来，扭头就走了。

隔天，小贾得知有一位大客户要见附近比较有实力的供应商，说有一笔大订单要谈。当小贾兴致勃勃地抵达会面地点时，发现这位大客户就是昨天要更换笔记本配件的那位先生。结果显而易见，小贾是第一个出局的。原来这位客户是政府某部门的采购人员。近期他要为部门采购一批新的电脑，刚好他个人的笔记本出了问题，所以昨天来为笔记本更换配件，顺便寻找合适的商家。

想让客户痛快地下单，想要更顺畅地销售产品，就要用真诚的态度对待客户，让客户觉得你是一个**有职业道德、靠谱**的销售员。有些时候，你给客户留下的第一印象对于成交起到的作用比产品质量更重要。我们销售人员在销售产品的同时也是在**销售自己**。产品有问题我们可以改进，但如果被客户说人品有问题就很难挽回了。

我们做销售，首先要做一个靠谱的人，并且让客户感受到我们的诚意。那么，具体应该如何去做呢？

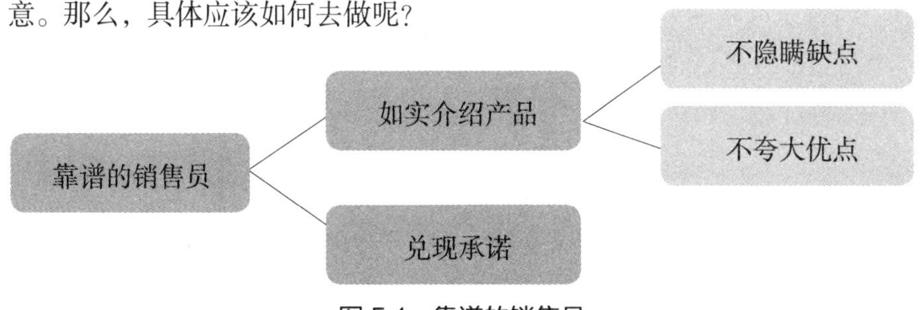

图 5.1 靠谱的销售员

首先，要**如实地介绍产品**，不可隐瞒缺点或者夸大优点。在销售过程中，经常有销售人员无法做到实事求是地介绍产品。在对产品的描述中，有的销售员只谈优点，回避缺点。有的销售员只是一味地重点突出服务和产品如何好，甚至夸大其词，而对于缺点则是轻描淡写，甚至只字不提。这些做法都是相当不可取的。

其次，**服务承诺要执行**。在销售中，最令客户无法接受的就是销售员做出了能满足他需求的承诺，最后却没有履行。让客户的期望落空，这会使客户对销售员的印象迅速变坏，甚至转身离去。而销售人员的诚信度也随之清零。不同的客户，其需求各有不同，而我们的产品不可能满足所有客户的需求。在销售过程中，销售员为了迎合客户需求而随意地做出承诺，却无法履行，其结局往往是砸了自己的招牌，损失了订单和信誉。

有关机构曾做过调查，统计数据表明：**70%的人之所以购买你的产品，是因为他们喜欢你、信任你和尊敬你**。因此，要想让自己在销售事业上有所建树，诚信不但是最好的策略，而且是唯一的策略。所以虽然每一个销售员都想抓住客户，但是因为担心失去客户，或是一心想要成交而采取隐瞒或是欺骗的方法是不正确的。隐瞒和欺骗只能让客户越来越厌恶你，越来越对你和产品不信任。

无论是做人，还是做销售，都要讲究“诚信”。它包括“诚实”与“守信”两方面的意思。诚信是销售活动必须遵守的道德原则，而且，诚信也是人类道德的重要组成部分。在我们的日常销售工作中，诚信所具备的营销力不容小觑。实际上，销售员在向客户推销产品的同时，也是在向客户推销诚信。只有让客户感受到了你的诚信，你在客户心中才能成为一个靠谱的、可以放心交往的人。

你的形象，极大影响客户的产品印象

许多初入职场的销售人员时常会有这样的困惑：

为什么在电话沟通的时候，客户已经表现出了浓厚的兴趣，可一见面却又百般推辞呢？

客户非常喜欢我们的产品，可为什么我总是无法说服他们购买呢？

为什么刚刚见一面，客户就拒绝了我，连讲解产品的机会都不给我？

……

事实上，这些问题的关键都不在于客户，而在于销售人员自己。如果你恰好有这样的问题，那么不妨好好地检查一下自己：

你的个人形象是否良好？

你的仪表和装束是否得体？

……

如果你的个人形象出现了问题，不修边幅，邋里邋遢，就会给客户留下很坏的印象，而成交自然也就不可能了。

小郑最近想换一个大房子，因为过一段时间宝贝女儿就要出生了。现在这个房子虽然环境不错，但他想让妻子和女儿过得更舒服一些。

朋友小项知道了他的想法，便热心地对他说，自己的表妹小羽正好在一家房产中介工作，手里有不少好的房源。小郑心想，这倒省了自己的很多麻烦，而且，朋友介绍的肯定比其他人可靠很多。于是，小郑便与小羽进行了沟通。小羽很热情，向小郑介绍了几套符合他要求的房子，还邀请他去店里看一看，更详细地了解一下。

这一天，小郑兴致勃勃地来到小羽工作的那个房产中介。一路上他还很欣喜，想着如果买到心仪的房子，一定要好好地感谢朋友小项和小羽。但是当小郑见到小羽时却愣住了：这个小姑娘穿着吊带小背心、破洞牛仔裤，脚上则穿着一双拖鞋。

小郑还是热情地和她打了招呼，但是却没有了看房子的心思，更不敢从这样的房产中介手里买房子。但是小羽并没有意识到自己的问题。她热情地介绍了自己手里的房子，说一定会帮助小郑买到合适的。

对于她的介绍，小郑完全没有听进去，只是想着赶紧离开。过了一会儿，小郑的手机响了。他立即找借口离开了，之后再也没有联系小羽。

过了一段时间后，小项问小郑："你不是着急买房子吗？怎么去看了一次，就没有和表妹小羽联系了？"

小郑没有回答小项的问题，而是问道："你表妹的业绩怎么样？"

小项一头雾水地说："为什么这么问？不过我听说好像不怎么好吧，也可能是现在行情不好吧！"

小郑接着说："行情不好，可能是一方面的问题，但是她自身的问题不知她有没有考虑过？"

小项听得一头雾水。小郑便索性打开天窗说亮话，真诚地对小项说："我建议你劝一下表妹，让她注意一下个人的形象。在见客户的时候应该穿正装，即便不是正装也应该大方得体。要知道，客户的第一印象是非常重要的。如果销售人员不注意仪表，怎么能给客户留下好印象，怎么能赢得客户的信任呢？"

小郑停顿了一会儿，接着说："你表妹手里的房子非常不错，服务态度也非常热情，可是衣着实在太随意了，显得一点儿都不专业。我不放心把买房子这样的大事交给一个这样的人。"

小项却不以为然，还认为小郑事儿太多，抱怨道："你不就是买个房子吗？怎么还得要求人家一个中介姑娘穿正装！现在天气这么热，女孩子穿得凉快点儿有什么啊！再说了，人家手里的房子好，难道还愁找不到买主！"

听了小项的话，小郑只能是摇了摇头，不再与其争辩了。

可事实上，小郑说的话是非常有道理的。在销售的过程中，形象的好坏真的是至关重要。良好的形象不仅可以凸显你的气质，更能赢得客户的好感和信任。毫不夸张地说，销售员个人形象的好坏，直接关系到销售结果是成功，还是失败。

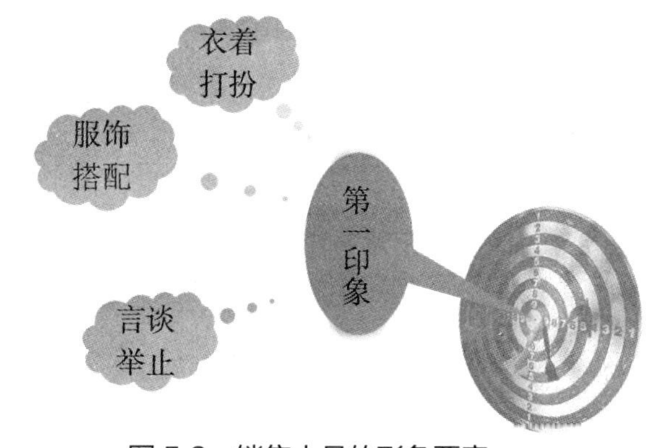

图 5.2 销售人员的形象要素

所以销售人员应该把打造个人形象当成是工作的一部分，在与客户见面之前，好好地准备一下，在衣着打扮、言行举止等方面给人留下一个良好的印象。

1. 穿着得体，不要太随意，更不能邋里邋遢。

得体的衣着对于销售人员来说，就好像是一张漂亮的名片，直接展示了你的形象和素养。作为一名专业的销售人员，在见客户的时候必须根据**自己的行业、见面的场合**来选择**合适的衣着**。如此一来才能得到客户的接受和认同。

比如，你到客户的办公室去拜访，就应该穿衬衣、皮鞋，一旦你随意地穿了 T 恤、运动鞋，那么就会给人一种不正式、不专业的感觉。客户会觉得你不重视这次会面，那么之后的沟通就很困难了。

再比如，与客户见面的时候，衣着要整洁、干净，不能让衬衣有太多的褶子，也不能出现污渍，否则，会给客户留下邋里邋遢的印象。

2. 服饰的搭配必须和谐，不要太另类。

很多时候，销售人员没有必要穿正装，但是服饰和搭配也不能太个性，更不能为了追求新奇而把自己打扮得不伦不类。同时，**销售人员的衣着和装饰要符合自己的职业，适应客户的年龄。**

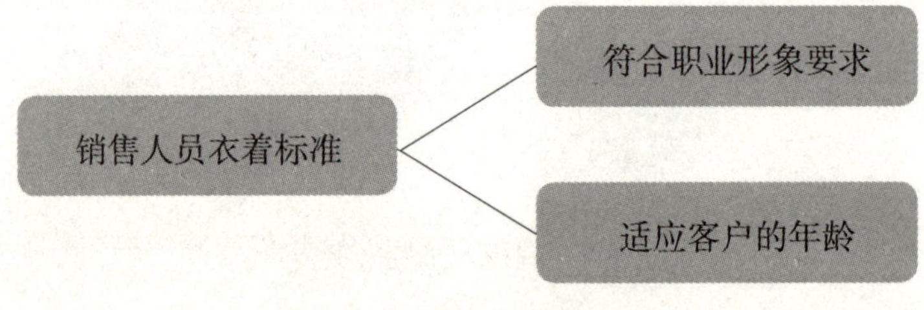

图 5.3　销售人员衣着标准

不妨看一个小故事：一位妈妈想要给两岁多的宝宝拍摄一套写真，于是来到一个大型的儿童摄影机构。这家店面是新开张的，环境优美，充满童趣，工作人员也非常热情。

可是给孩子做造型的时候，这位妈妈却愣住了。原来这位造型师穿着黑 T 恤，染着红头发，耳朵上还戴着一个大大的耳环。看到这样“怪异”的叔叔，孩子被吓坏了，一直躲在妈妈的怀里不出来，说什么也不愿意做造型。

别说孩子了，就是这位妈妈看到这样的造型师也有些排斥。她很快就抱着孩子离开了。

3. 言谈举止要大方，不良的言行会坏了你事情。

能给客户留下良好第一印象的，除了销售人员得体的衣着，还有他的言行。在拜访客户时，销售人员一个小小的不良举动，或者一句不恰当的话语，就会给客户留下不好的印象，导致销售活动失败。

比如，不礼貌的用语，说话没有分寸，或者神情太紧张，说话时唾沫星子四溅，还有站姿和坐姿不恰当，说话时摇晃身体，等等。这些不恰当的言谈举止都会让客户心生厌恶，对你退避三舍。

所以在销售工作进行之前，我们要做好充分的准备，加强礼仪的训练，并且随时随地都注意言谈举止，把自己形象最好的一面向客户展示出来。因为在客户眼中，**销售人员与他所销售的产品是有"共同性"的**。在大多数人的思维逻辑中，很难想象一个邋里邋遢的人能够拿出做工精良的产品。因此，作为销售人员应该提前做好准备，注重自身的形象，给客户留下良好的印象。

当你像个专家，客户才会把心放下

相信很多人都会有这样的购物经历：当你想了解一件产品的性能时，如果销售人员对此不是一知半解，就是毫不了解，再强烈的购买欲都会被扑灭。但是当销售人员非常专业地介绍产品的性能和优点时，哪怕他说的很多专业词汇你都无法弄懂，你也会听得津津有味儿，并会生出强烈的购买欲。

作为销售人员，想要真正抓住一位客户，你除了要获得客户的好感外，更要获得客户的信任。因为有了信任，他才会接二连三地购买你的产品。怎样才能获得客户的信任呢？最关键的就在于你对所销售的产品要有一个深刻、全面的了解。

这里的产品可以是实质性的，也可以是虚拟的。只有当你十分专业地向客户介绍产品时，客户才会认为你是一个职业素养水平较高的人，专业知识特别扎实。同时，客户也会对想要购买的产品有一个更深层次的认知，继而产生购买欲。

李伟在一家商场工作，主要销售电脑。每一个季度，他的销售额都是稳居榜首。这让其他销售员羡慕不已。当有销售员询问李伟是如何销售电脑的时候，李伟都会卖一个关子，让其站在一旁看他如何销售。

这一天，有一位客户想要购买一台电脑。他在商场逛了一圈，最后看中了两台笔记本。他问李伟："您好，这两台电脑的外观看上去都差不多，怎么价格相差那么大？"

李伟说："因为这台电脑的性能和材质比这台电脑好一些。"

"一分价钱一分货，这个道理我也懂。只是这两台电脑的性能和材质有哪些区别呢？"客户询问。

李伟笑着说："先生，这台贵一点儿的电脑采用的是目前最先进的处理器。它开机只需要几秒就能完成，处理速度也是目前笔记本电脑中最快的。而这一台电脑，它采用的是英特尔第五代处理器，速度要稍微慢上一些。您看，我给您演示一下。”

于是，李伟同时按了两台电脑的开机键。果然贵的电脑比便宜的电脑开机速度要快很多。

这时，李伟又介绍起了电脑的材质：“这台贵一点儿的电脑采用的是液晶显示器。它能高保真地展现图像与色彩，并且有护眼的功效。而这台便宜的电脑相对来说要普通一些……”

之后，客户又追问了几个问题。

李伟都耐心地一一答复，向客户充分地展现了自己对笔记本电脑的了解。最后，客户买下了稍贵一些的那台笔记本电脑。

其他销售员看到李伟非常专业的介绍，终于明白他的销售秘籍在哪儿了。

作为一名成功的销售员，除了对客户有**热情的服务态度**外，还要有**对产品的详细认知**。即客户提出与产品相关的任何问题，销售员都要毫无迟疑并且准确地回答。销售员只有既能为客户提供热情的服务，又对产品有深刻的了解，能够有效地解决客户关于产品的所有疑问，才能让客户成为你永久的忠实客户。

那么，销售员怎样才能让自己介绍产品时像一个专业人士呢？关键在于掌握产品信息。比如你要销售一台电脑，需要掌握的信息有：这台电脑是哪家公司制造的；这家公司的电脑制造史有多久，制造技术是否成熟；电脑采用什么屏幕，屏幕有多大尺寸；电脑外壳采用什么材料；电脑的配置、性能、系统等是怎样的。只有将产品了解透彻，才能用专业的水准来介绍产品，客户才会给予你信任，对你深信不疑。而对于产品信息与特征具体需要了解那些内容呢？

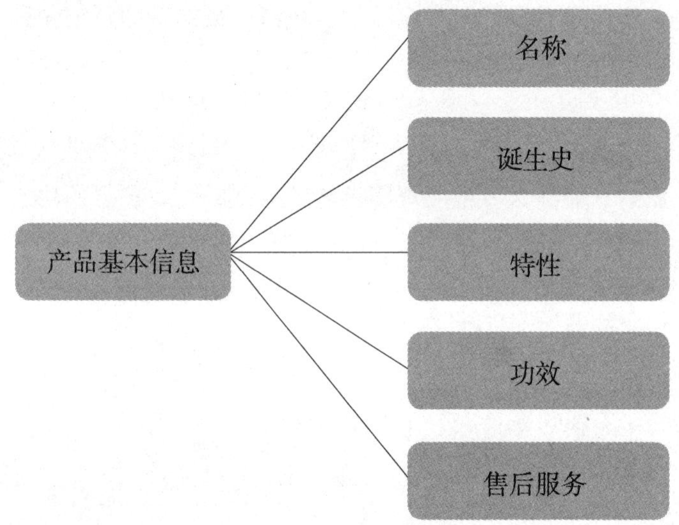

图 5.4 销售员应掌握的产品基本信息

首先是产品的**名称和诞生史**。每一个产品的名称与诞生历史都是几经波折的，非常具有意义。当你向客户介绍产品名称的含义和诞生史时，就会吸引客户的注意力，使客户全心全意地去观察这个产品。

其次是产品的**特性与功效**。这里的特性包括很多方面。比如，产品是用什么材质制成的，它的外观有什么特点，它的规格是什么，等等。而产品的功效其实就是产品的用途，这也是客户最想了解的地方。当然，你还可以向客户介绍产品的**售后服务**。

当你想要了解一个问题时，必然是想找专业人士来解惑。同理，一位客户想要购买一件产品，自然也想找一名专业人士来导购。所以如果你从事销售行业，不管你销售的是何种产品，都需要有扎实的专业知识，这样客户才会买得安心，用得放心。

宣传产品，但不要过分打广告

有句俗话叫作："王婆卖瓜，自卖自夸。"作为销售人员，想要将产品销售出去，自卖自夸是必不可少的环节。因为只是平淡地介绍产品，并不能在客户心中留下深刻的印象。只有对产品的优点和卖点加以宣传，才能够让客户知道，平淡的功能之下有着并不平淡的内涵和价值。

所以要体现一件产品的价值，要让客户产生拥有它的渴望，没有销售员的赞美和宣传是不行的。作为销售员，需要宣传产品，需要让客户知道产品的优点，知道产品表面上无法展现出的特质，但是在向客户宣传产品的过程中，却不能夸大其词。因为过于夸张的宣传会产生种种弊端，甚至会让客户放弃购买产品。

一位年轻的客户想要购买一款全新的手机，于是来到了某品牌手机专营店。

销售员："先生，您好，请问有什么能帮到您的？"

客户："我想买一款拍照好一点儿的手机。"

销售员："那要看您需要多好的了。咱们这个品牌的手机一直是以拍照性能好当作卖点的。特别是近几年的新产品，都搭配卡尔蔡司认证的镜头，拍照效果说是业内的顶尖画质也不为过。"

客户："真的这么厉害吗？那能不能找一款给我试试？"

销售员："您试试这一款。"

客户在拍了几张照片以后说："这画质的确不错，但感觉也没有你说得那么夸张。"

销售员："先生，成像质量涉及的因素很多，跟室内、室外光线的情况和拍照人的技术等都有关系。"

客户显然有些不满："你的意思是我拍照水平有限？"

销售员："抱歉，先生，我并不是这个意思。我只是告诉您成像质量所涉及的诸多因素。"

客户："你把你们的手机拍照说得那么好，那么A品牌的手机怎么样？"

销售员："A品牌的拍照也不错，跟我们比各有千秋吧。"

客户："那B品牌呢？"

销售员："也是业内不错的品牌。"

客户："你还说你们是业内顶尖的？随便说两个牌子都跟你们差不多。我看你们的手机拍照效果也就是那么回事。"

显然，销售员和客户谈崩了。销售人员赞美自己的产品虽然有些离谱，但并不是非常夸张。而客户则出现了明显的抵触心理，最终导致了交易失败。那么，作为销售员，在向客户"夸赞"宣传自己产品的时候，正确的做法是什么呢?

图 5.5　夸产品的正确方式

1. 渲染产品的品牌文化。

众所周知，**品牌文化是产品的灵魂所在。**如果没有品牌文化的灵魂，一件商品就只能根据其**物理价值**来销售了，反之，其创造的价值可能要超过商品成本的几倍，甚至几十倍。例如，同样是手机，苹果手机的售价可以远远高出其他品牌，而且还能得到客户的肯定和追捧。这就是品牌文化成功运作的典范。如果只看手机的物理成本价值，苹果手机的成本未必就比其他品牌高出多少。但是一旦客户认可了苹果这个品牌，自然而然也就认可了这个品牌的**附加价值**。这就是品牌的力量。在销售工作中，销售人员要善于利用品牌文化，让客户明白，他们买的不仅仅是一件产品，而是一个品牌。而品牌文化所蕴含的**核心价值**不是单单可以用金钱就能衡量的。

2. 巧妙利用外部因素。

当我们塑造了**有文化、有品位、有内涵、有底蕴**的品牌后，接下来就是把这些文化品位和底蕴用很好的形式展现出来，并且能够给客户一个良好的体验。第一步就是**产品消费终端环境的塑造。**一件商品摆放在不同场所，其价值便会因为这些外部因素的不同而产生差异。比如，同样一件衣服，在地摊卖 50 元，而摆在精品店里，则可以卖到 500 元。两个地方，两个价格却都能卖出这件衣服，为什么呢？前者卖的就是价格便宜，后者则是通过**外部环境**提高了商品的价值。

再举个例子，同样的咖啡，在不同的环境下却能泡出不同的味道与感觉，你相信吗？浪漫甜美的法国海滨咖啡、轻松时尚的星巴克咖啡、安静柔和的家居下午茶咖啡……一样的材料，却可以泡出不同的口味，带来不同的感觉体验，那完全是因为外部的环境因素影响了人的主观感觉。恰当的**环境布置**可以营造出**独到的氛围**，并有效地提高**商品价值**。只有商品与环境巧妙地融合，才能在销售中巧妙地利用环境因素来提升产品在客户心中的价值。

3. 引导客户重视产品价值。

在销售中，我们一定要牢记一个原则：**不要和客户辩论商品到底值多少钱。**一旦陷入这种价格的纠缠之中，结果往往就是：产品将很难卖出一个好价钱，甚至很难达成交易。这些时候，我们应该着重引导客户的思路，一起探讨商品的价值，这样客户就会自动忽略了价格因素。

例如，一位太太向销售人员抱怨一条项链太贵了。销售人员如果说："太太，6000 块已经很便宜了。你到任何珠宝店都不可能买到这么便宜的项链……”

这种回答客户的方式显然是不适合的，明显就是在商言商，只是为了卖出商品，与客户就价格展开辩论。这是最笨的推销方法。而且，这时客户的心中是矛盾的。她既希望项链的价格能再便宜一些，又希望项链看上去高大上，很值钱。但是销售人员一下子就否定了项链的价值，告诉对方这是最便宜的珠宝。这对于客户的虚荣心来说将是最致命的打击。这样成交的概率会很低。

然而，如果销售人员这样说：“太太，这条项链太适合您了。您戴上去，这项链看起来少说要值 1 万块。而且，这条项链太符合您的气质和服饰了，看起来那样的高贵、漂亮。”

在这样的情况下，成交的概率就会大大提高。因为销售人员告诉客户，这条项链与客户的气质、服饰非常匹配，从而提升了客户的形象。而这种效果正是客户最在意的。

利用各种技巧来宣传产品，**提升产品在客户心中的价值**，从而影响产品最终成交时的价格，是销售人员必须掌握的一种销售技巧。这种技巧不但可以提升销售人员推销的成功概率，而且，可以直接提高产品的利润。这对于销售人员提升业绩来说是非常重要的。一名优秀的销售人员，要学会如何**恰到好处地宣传产品**，让客户了解产品的价值所在，而不是仅仅告诉客户产品的价格是多少。

产品的瑕疵，不妨向客户直言

对销售人员来说，成交自然是我们期待的最好结果，而不成交则是我们最不想看到的坏结果。

对于客户来说，买到自己满意，又适合自己的产品，就是他们想要的最好结果。

那么，对于客户来说，什么是坏结果呢？

那就是他们成功地买到了产品，却发现销售人员有所隐瞒，让他们买到了有缺陷、不合格的甚至是假冒的伪劣产品。这是客户最无法接受的坏结果。

那么，作为销售人员，在明知道产品有缺陷的情况下，是选择坦诚地告诉客户，还是选择忽略或是隐瞒呢？

现实生活中，很多销售人员为了追求好的结果——把产品卖出去，而选择后者，忽略或是隐瞒产品的缺陷。然而，这样做是错误的，即便你卖出了产品，也只能获得坏的结果。这是因为一旦客户买到了不满意的产品，就会对销售人员不再信任，就会拒绝再次购买产品——而这个坏结果与卖不出东西相比，影响更严重。

图 5.6　坦诚对待客户

宋燕是一个房产经纪人。一开始，她在一家很小的房产中介公司工作。因为店面小，资源有限，所以她很难拿到特别好的房源。让人想不到的是，短短数月，宋燕竟然创造了良好的业绩，卖出的房子数量是其他同事的两倍。

由于她工作能力突出，所以很快就被另外一家大公司看中了。这家公司规模大、资源好，各方面也非常正规。相应的，公司里的销售精英也很多，人人都想获得最好的业绩。但是宋燕在这家大公司同样干得有声有色，业绩依然非常好。很多客户都喜欢宋燕，还为她介绍了不少想买房的朋友和同事。

其实，宋燕能够成功的原因很简单，那就是她对客户的坦诚、守信用。在沟通的时候，她总是把房子的优点和缺陷都如实地告诉客户，绝不会隐瞒任何情况。

一次，有位朋友给宋燕介绍了一个客户。经过双方沟通后，宋燕帮助这个客户找到了一套比较合适的房子。

她把这套房子的情况一一介绍给客户：“王总，您看看这套房子，我觉得非常符合您的要求。这房子的户型是三室两厅两卫，共有130平方米，适合您一家四口居住。楼层是6层，不管是坐电梯，还是爬楼梯，都比较适宜。而且，这个小区的物业管理严格，服务周到，绿化也不错。最重要的是，这个小区的地理位置非常好，附近有超市、商场、菜市场，您想去哪里购物都可以。而且，这栋楼不靠近马路，没有汽车的噪音，简直是既方便又安静。这里非常符合您闹中取静的要求。”

客户听了宋燕的话，感觉这房子真的非常不错。当宋燕说这套房子只有80万左右的时候，客户立即就提出了自己的疑惑：“现在周围的房子都涨价了，这套房子面积不小，环境又不错，怎么比市场价还低呢？”

宋燕笑了笑，坦诚地说：“这个价格确实不算贵，因为这房子的各种条件都比较不错。您也看见了，这个小区所在的位置虽然是闹中取静，非常难得，但是这周围只有公交站点，而且公交路线比较少，没有地铁站，平时连出租车都很少。所以从交通方面来说，这确实是一个缺陷，很多上班族都嫌不方便。这个我要如实地告诉您。如果您有车的话，那么这里非常适宜居住。附近还有学校和公园，比较适宜长期居住。但是如果您没有车的话，出行就非常不方便了。您可以考虑一下，看是否能看上这房子。”

这位客户听了宋燕的回答，笑着说：“我还以为有什么大问题呢，房价竟然差这么多！如果仅仅是这个问题，那么咱们现在就可以去看一看这房子。我觉得如果房子没什么别的大毛病，就可以商量一下价格，然后签合同了。”

销售人员一般都会把自己的产品说得非常完美，给客户一种“过了这个村儿，就没这个店儿”的感觉。但是宋燕却没这么做。她在介绍完房子后，坦诚地告诉客户这个小区存在着交通不方便的问题。

她没有隐瞒小区交通不便的缺点，而是坦诚地告诉客户，然后让客户自己权衡利弊。这体现了对客户应有的尊重。正是因为宋燕的坦诚，让客户消除了疑虑，并且真正地信任她。这实在是一种充满智慧的销售方式。

反过来，如果宋燕知道小区交通不便，因担心客户知道实情后丢了订单，而选择和客户打太极，蒙混过关；或是在客户询问的时候，刻意地隐瞒这个问题，那么不管最后成交与否，她都会失去客户的信任。到那个时候，就算她成功地卖出了这一套交通不便的房子，恐怕也会失去许多潜在的客户。

所以**诚信销售**才是销售员的**核心竞争力**，更是我们**吸引**客户、**打动**客户的关键。

既要专业又要博学，做客户最满意的销售顾问

想要成为一名优秀的销售人员，就必须具备相应的知识，其中不但包括产品知识、行业知识、销售技巧，还包括产品细节以及周边知识，等

等。所谓“学无止境”，从事销售工作，一定要牢记这句话，**时刻提醒自己注意补充知识**。可以说，这些方方面面的知识才是优秀销售员最有杀伤力的核武器。如果你在平时的销售中不注重学习，那么，被行业淘汰，只是朝夕之间的事情。

小刘去上海拜访一位重要客户，临时想买一两件衬衫来搭配新西装。小刘走进了一家商场的男装区。在走进第一家以及第二家、第三家男装店时，导购们都过来招呼他：“我能为你服务吗？”“有需要帮忙的吗？”当小刘表示想买一两件衬衫时，导购们都热情地领他来到一排排的衬衫面前，然后一件件地摊开，问：“我们这里的衬衫都很好，你觉得这件怎么样？那件呢？”小刘看得眼花缭乱，难以抉择，只好不好意思地退了出来，然后匆忙走开。

可是，小刘必须买衬衫以备换洗。有了逛前三家男装店的经验，他谨慎地走进了第四家男装店。一位年长的男导购满脸微笑地接待了小刘。当小刘说自己想买一两件衬衫时，男导购的反应与前三家的店员截然不同——

男导购问：“请问，您想在什么样的场合穿这些衬衫呢？”

“见客户。”小刘回答。

男导购问：“您穿这些衬衫要搭配什么颜色的西装呢？”

小刘回答：“我平时喜欢穿黑色或深灰色西装，这样显得更成熟、稳重。”

男导购点点头，继续问：“您比较喜欢什么颜色、什么款式的衬衫？心里有想法吗？”

“最好是稍微时尚一点儿吧。”小刘回答，“不过，我还没有想好要买什么价位的。”

男导购想了一下，说：“那么，让我给你看一些款式较新的衬衫，然后，向你介绍一下材质和价格上的差异。之后，你就可以决定哪些衬衫更适合你了。”随后，他向小刘展示了一些新款衬衫，并且逐一介绍了这些衬衫的材质、剪裁、缝制、袖口、价格以及维护方式。而且，他还介绍了不同衬衫如何搭配领带才显得更有品位和气质。

小刘又问了不少问题，男导购都能够以非常专业的方式回答。半个钟头之后，小刘拎着两件衬衫和两条领带走出了那家男装店。

小刘在第四家店遇到的销售员，推销水平很显然要远远地高于前三家店的店员。他不光专业知识丰富，日常的生活礼节以及颜色搭配方面的知识也非常丰富，堪称“顾问式销售”。这种销售方式不是单纯地将产品“销售”出去，更关注如何才能赢得客户的信赖与认可。销售员熟悉一定的专业知识，通过为客户提供高水准的服务和专业化的指导意见，给予客户朋友般的贴心关怀，帮助客户做出符合自己需要的选择。这样一来不但能赢得客户的信任，而且能将购买行为从一次性的消费转变成长久性的友好合作关系。

顾问式销售是销售员运用丰富的**专业知识，以客户的利益为出发点，**为客户充当“顾问”，以便客户对产品和服务做出适合自己实际需求的正确选择，以充分地发挥产品和服务的价值，实现“双赢”。但我们必须承认，我们不可能对所有的知识样样精通。如果遇到不甚了解的问题，决不能用**“大概”“可能”“也许”“差不多”**这样模棱两可的话来搪塞客户，而是应该实事求是、坦诚地告诉客户事情真实的情况。如果客户是这方面的专家，我们就要虚心地向对方学习，以丰富自己的知识。不懂装懂，不但坑害客户，也不利于我们销售业务的顺利开展。

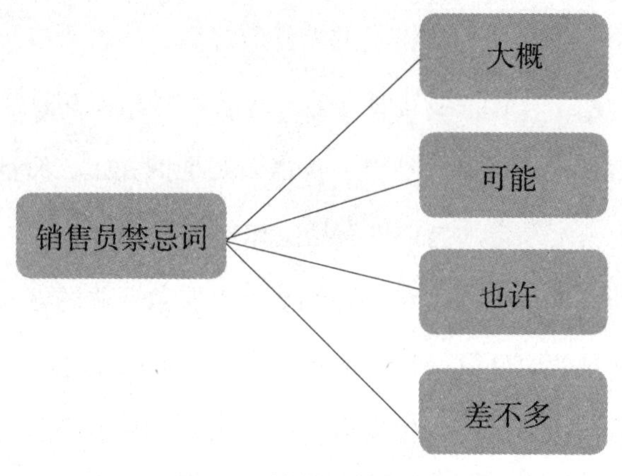

图 5.7 销售员禁忌词

例如，一位客户向销售员咨询不同的皮肤适用何种化妆品时，这位业务不精的销售员唯恐客户不肯买自己的化妆品，甚至担心客户看不起自己，于是乱侃一通。结果这位客户差一点儿因此毁容而将这位销售员诉诸法律。销售员这样做，虽然表面上完成了一次销售行为，本质上却断绝了一个长期客户，这是得不偿失的。

无碍沟通

——销售如果这样说，客户必然认真听

“销售即沟通”——明白这句话含义的朋友，大多对于销售有了比较深刻的体会和理解。在普通人的眼里，这种“沟通”可能仅限于对话问答，但是在一个销售高手的眼里，“沟通”却有着更加深刻、更加丰富的含义。

销售力其实就是沟通力

在销售的过程中，我们会遇到各种各样很难搞定的客户。这些客户有些太傲慢，有些爱以自我为中心，有些喜欢谈条件，有些特别爱抱怨……但无一不是令人头疼的。如果你总想着抱怨这些客户为什么那么难搞定，那就说明你还没有掌握与这些“刺头”般的客户沟通的技巧。

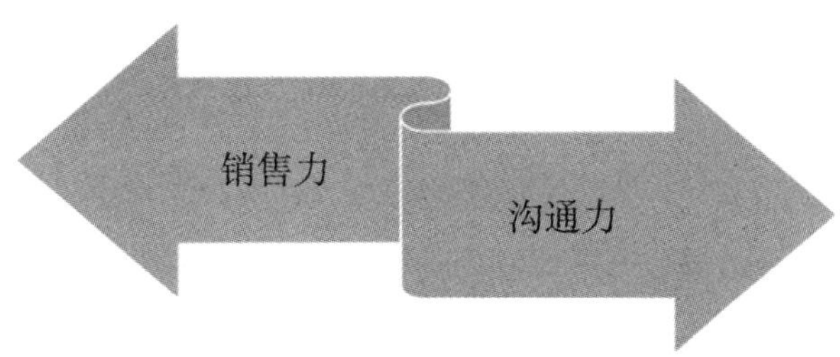

图 6.1　销售力就是沟通力

从本质上讲，**销售的过程就是沟通的过程**。很难想象一个不擅长沟通的人能够做好销售，而事实上生活中的那些销售高手，无一不是擅长沟通的高手。所以说，不要把销售看作销售，而要把销售看作是一个沟通的过程。只要解决了沟通过程中的问题，销售的问题自然也就搞定了。

那么，开头提到的那些“刺头”客户该如何沟通呢?

很简单，就是**用沟通的方式去解决销售问题**。也就是说，只要客户不是存心找茬儿，并且真心想与你做生意，不管他用何种态度、何种方式与你洽谈，你都要真诚地对待客户，用心地去沟通。只要你能做到这一点，就一定能够绝处逢生，柳暗花明。

举例来说，遇到销售员上门推销货物，或是在商场上被销售员拉住推销商品，相信谁都有过这样的生活经历。那时，你的身份是客户，你是如何对待那些销售员的呢?绝大多数人并不会和颜悦色地对待这些非常主动的销售人员，往往在刚刚听到对方推销产品的时候就将他的话打断，并冷冷地说“不需要”。如果遇到不依不饶的销售员，你肯定会出离愤怒，痛斥对方一顿。

同理，当与客户交谈时，你一定要学会换位思考，考虑客户的感受。当你不懂得与客户如何沟通时，客户无疑就会变得很难搞定。但不管客户怎么对待我们，我们都要**真诚**地对待他们。

刘飞大学毕业后不想替别人打工，便与朋友投资，开了一家二手电器公司。不过，店里的生意一直不太好，因为前来看电器的客户总喜欢挑毛病。就算是九成新的电器，他们也会挑出一大堆毛病。对于客户的心理，刘飞都懂，无非就是希望他能将电器的价格再降低一些。

这一天，有一对夫妇过来看二手的冰箱，刘飞亲自接待了他们。这对夫妻将店里的冰箱看了个遍，最后选了一台几乎没怎么用过的双开门冰箱。说实话，这台冰箱就是刘飞也挑不出什么毛病，然而，客户却觉得冰箱的毛病一大堆，并且价格也开高了。

客户的吹毛求疵、蛮不讲理令刘飞非常恼火。于是，他强硬地一一反驳客户提出的毛病。刘飞的态度无疑惹恼了客户，客户气冲冲地离开了，并表示再也不会踏入刘飞的店。

就这样，好几个月过去了，刘飞做成的订单屈指可数。他眼看着店铺快撑不下去了，便打电话给几位投资的朋友。

其中一位也在做生意的朋友对刘飞说："你店里的生意之所以那么差，是因为你对客户的态度不够**走心**，给的微笑不够多。我建议你，以后客户来买东西，就算他们再挑三拣四，你也要**微笑**着顺着他们，对他们的意见**点头**称是。如果他们要还价，你可以事先将商品的价格抬高些。只有这样，你的生意才能做起来。"

刘飞将朋友的话琢磨了很久，心中顿时豁然开朗。此后，他与客户沟通时，不管客户多么吹毛求疵，他都笑脸相迎，并给予客户适当的甜头。还别说，这样的经营方式果然让他的店起死回生了。

对于客户来说，他想要购买的东西，除了真的**质量好**以外，还要有**实惠的价格**。因此，当你与客户沟通时，客户说再多的话，态度有多么的不友好，其言外之意都是在告诉你要**降低价格**或**开出更好的条件**。

通过刘飞的经历，我们可以总结出这样一个道理：当客户提出异议时，你越是辩驳，客户就越反感。相反，如果你和颜悦色，投其所好的话，他们即使表面上不苟言笑，但心里还是愿意与你打交道，想与你进行友好地合作。

不过，虽然顺从客户是必要的，但也不能没有原则地盲目顺从。正确的做法是，要先顺从后反驳。无论什么生意，在沟通过程中往往会遇到客户的提问与质疑。不管客户提出的问题有多刁钻，说出的话有多刻薄，都要先尽量顺从。要知道，你的反驳很可能会引起对方的逆反心理，继而对你产生抵触。如此一来，生意还怎么能够顺利地谈下去呢？

从沟通的角度讲，先顺从客户，并不是妥协，而是为了安抚客户的情绪。等客户情绪稳定后，再对客户的提问与质疑进行一一回答与反驳。这样，客户才不会心生反感。

比如，客户问："你的产品价格怎么这么高？"如果你回答："我的产品就值这个价！"那么，客户一定会因为你的强硬而心生不满，这对后面的沟通影响很大。但如果你这样回答："你说得没错，相对于市场上同类产品的价格，我们的产品价格的确有些高。但你仔细观察一下我们的产品，它的用料都是最好的，所以这个价格还是比较合理的。"这样的回答不仅不会让客户心生反感，而且，还让他再也挑不出价格上的毛病。

需要注意的是，在公共场合的时候，更要重视与客户的沟通问题。不可否认，有一些客户因为性格冲动，或是其他原因，说出的话有时候还会伤及我们的尊严。但不管他们的态度有多么不好，说出的话有多么难听，我们都要本着**多沟通的原则**去面对客户。如果你没有把握好沟通的方法，说出的话让客户感觉自己受到了冒犯，让客户在大庭广众之下丢了脸面，那么，即使你做再多的补救，客户也不会与你继续谈生意。

对于销售人员而言，得到一个客户，你就能收获**财富与口碑**；失去一个客户，你除了损失财富与口碑外，还会让前进的道路越来越崎岖！总而

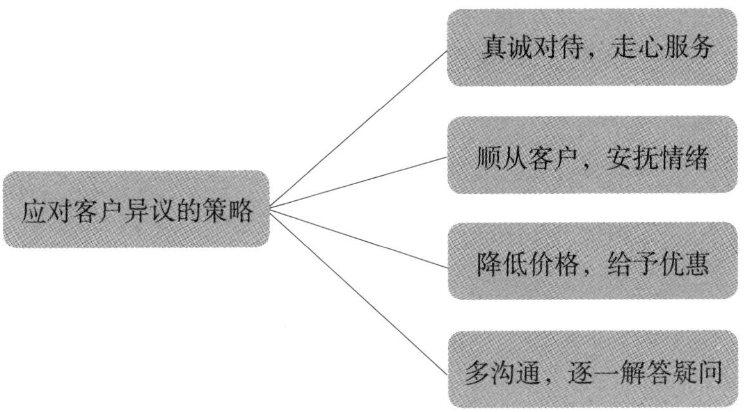

图 6.2　应对客户异议的策略

言之，**所有的销售问题都可以用沟通的方式去解决**。因此，销售员只有提升自己的沟通力，才能“升级”自己的销售力。

销售语言要有穿透力，一开口就让客户入迷

当你与一位艺术家交谈时，你却和他谈论天文地理与高数；当你与一位科学家交谈时，你却和他讲述各国艺术的发展史；当你与一位篮球迷交谈时，你却与他聊与足球相关的话题……相信任何人遇到这样的聊天方式，内心都一定会很拒绝，因为这无异于鸡同鸭讲。

我们每个人都有这样一种心理，当与人聊天时，都喜欢**聊自己喜欢的、擅长的东西**。所以，一名艺术家，他想聊的话题必定是与艺术相关的；一名科学家，他想聊的话题必定是与科学研究相关的；一位篮球迷，他想聊的话题必定是与篮球相关的……只有聊他们的**爱好和兴趣**，他们才会对你敞开心扉。

就如同物理学中物理系统共振的频率，只有你的销售语言与客户的内心处在同一个频率上，你说出的话对于客户才有足够的**“穿透力”和“影响力”**。因此，如果你能够提出一些话题，引导客户的思路，那么，就能够很快吸引客户的注意力。

就像比尔·盖茨，他的朋友遍布各行各业，生意做得非常大。他在与客户交谈时，绝不会聊客户不感兴趣、不擅长的话题，他只会聊客户喜欢聊的内容。只有这样，才会引起客户某种精神上的共鸣，继而愿意与你主动交流。

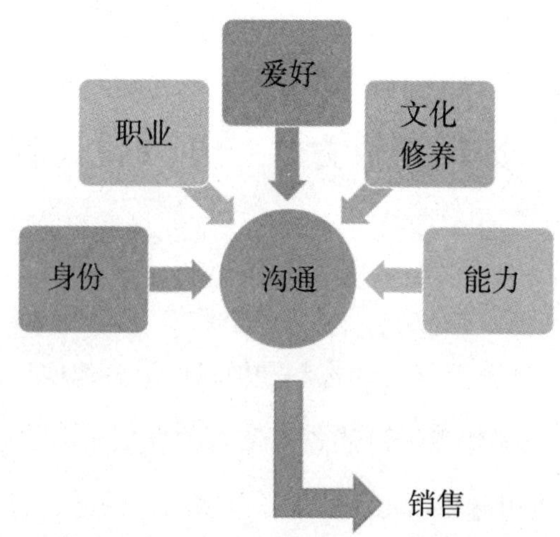

图 6.3　有助于销售的客户基本信息

这就意味着，在销售的过程中，你不能想到什么就说什么。销售员在与客户沟通前，一定要了解客户的基本信息，比如对方的身份、职业、爱好、文化修养、能力等信息内容。只有从这些方面挑选客户有可能感兴趣的话题，对方才能将你的话听到心里，而你也将会被对方纳为知己。不然，即使你说的话再好听，对方也不会满意。特别是在你面对客户时，想要谈成一笔生意，前提就是**你的话要有穿透力，要把话说到客户的心里。**

与客户沟通的技巧多种多样，不管是**开门见山**，还是**迂回战术**，不管是通过什么样的方法获得客户的信息，但是如果你找不到或是忽略了问题的切入点，那么，即便你能够挖掘出客户的内心需要，同样也是无法让销售工作顺利地进行下去。

那么，我们如何找到问题的切入点呢？

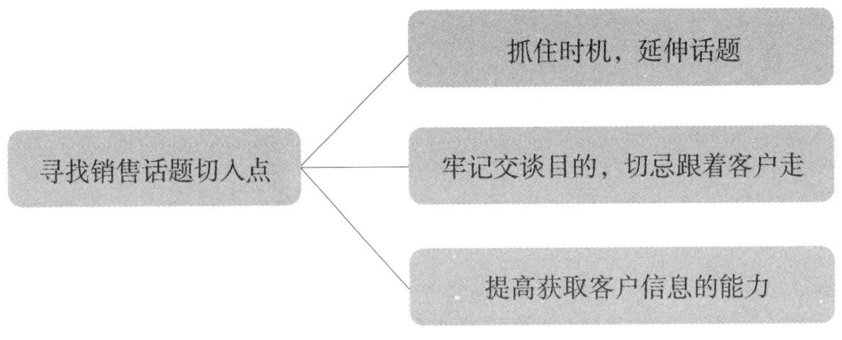

图6.4　寻找销售话题切入点

首先，要懂得抓住时机，顺其自然地延伸话题，并**引入你想要谈论的内容。**

在与客户交谈的时候，引入销售话题的时机是非常重要的。不管是别人主导话题，还是你主导话题，也不管你们闲谈的是什么，只要你能够恰当地把握好时机，自然地引入自己想要谈的内容，那么，就可以让接下来的工作变得简单很多。

比如你是保健品销售员，当谈到身体健康等话题的时候，就是你引入话题的最好切入点；比如你是汽车销售员，当谈到交通、出行等问题的时候，你就可以把这些话题作为切入点。

其次，牢记自己交谈的目的，在沟通过程中不要被客户牵着鼻子走。

闲聊是销售人员开展工作的第一步，很多销售活动都是从闲聊开始的。但是这闲聊并不是毫无目的地闲聊，更不能让客户牵着鼻子走。比如有的销售员和客户聊得很愉快，明明有大好的时机，却因为被对方牵着鼻子走，与客户谈到了工作、结婚、生孩子等许多话题，可就是没有谈及产品。因为他忘记了自己交谈的目的。

作为销售人员，我们要明确自己的目的，并且掌握好谈话的节奏和内容，如此才能更好地找到步入正题的切入点，实现自己的成交目的。

还有很重要的一点就是，销售人员一定要提高自己获取信息的能力。

想要了解客户的需求，找到话题的切入点，我们就必须了解对方的一些基本信息，比如了解对方的**职业、地位、兴趣、爱好**等等。我们也可以适当地和对方聊一些自己的私事，以便拉近彼此的心理距离。同时，我们也要注意**倾听**，提高自己获取信息的能力。如此一来才不会忽略重要信息，以致无法挖掘客户内心最真实的需求。

开门见山，用切身利益引起对方关切

生活中，我们都会有这样的体会：在与人初次见面时，通常交谈**最初的几秒钟**形成的印象最强烈。与一个人交谈时，如果开口几句话就让你觉得索然无味，那么接下来很可能就不会继续聊下去了。

做销售同样也是如此。当我们与客户交流的时候，开始的几分钟，是我们尽情地展现自我的时间。因此，如何在短暂的时间内**说好开场白，表达明确，**而且，还能快速地**引起客户的兴趣，**从而更快地**引入销售话题，**是我们首先应该考虑的问题。

颖颖在一家健康保健企业工作。有一次，领导安排她与当地的医院合作，去乡镇做关于定期体检知识的科普讲座，目的是为了推销企业的体检服务产品。要知道在农村，有健康保健意识的人非常少，更不用说定期体检了。颖颖为这事相当头疼，担心科普讲座没人愿意听，提前做了不少功课。

这天，颖颖来到了村子的礼堂。果然不出所料，台下都是无精打采的村民。仿佛他们坐在这里只是为了应付村干部的安排。颖颖一边给大家发定期体检知识手册，一边对大家说："我看在座的很多都是当家的。我们先做个小调查。大家有没有留心计算过家庭每天的开销？"这个问题完全出乎大家的意料。于是，人们纷纷开始在心里计算起家里一天的平均花销。原本在家里管钱的大妈大婶一下子就来了兴趣，纷纷在那里报数，并开始讨论如何节省日常开支的问题。

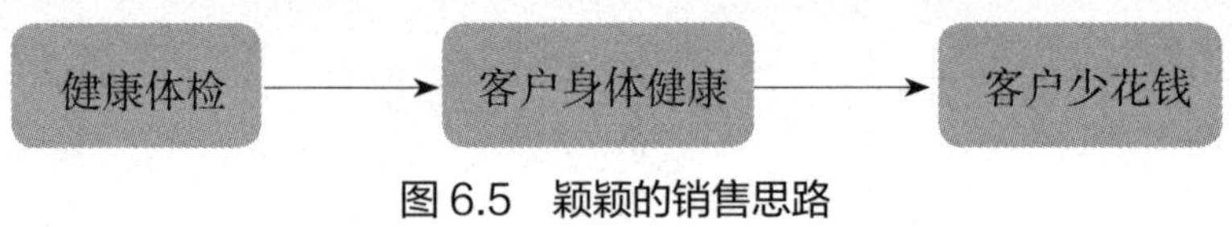

图 6.5　颖颖的销售思路

颖颖问了几个村民的家庭日常开销数目，然后，又给大家提了一个问题："那我们一年要花多少钱呢？其中，看病吃药花的钱又是多少呢？"大家又开始不由自主地在心里算起账来。颖颖给村民们算了一笔帐，说道："每半年或一年做一次体检，看似花钱不少，但只要平均到每天来说就没有多少钱了。而且，很多老年人患病的概率也会随着年龄的增长而显明增加。而且，一得病就是大病，一年得往医院送多少钱？大家有没有算过呢？送钱还是小事，最重要的是自己受罪。假如我们能够经常做个健康检查，有了小毛病及时发现了，就省下了治大病的花销。有病早发现，大病变小病。这样算下来，是不是很划算呢？"

大家一听纷纷称是。颖颖看着大家都很有兴趣地算起了账，就趁热打铁开始讲解定期体检的好处和体检的具体内容。大家都听得很认真。最后，还有部分村民主动找到颖颖了解体检套餐的收费和体检项目的选择问题。在随后的一个月里，颖颖推荐的基础体检套餐销量相当可观。

在准备这个健康体检讲座前，颖颖考虑到乡镇居民的消费能力有限，健康意识也相对淡薄，如果直接讲定期体检的重要性，肯定很难得到大家的认同与重视，而且，很有可能导致讲座草草收场，起不到丝毫的科普作用。根据她的了解，这种讲座一般是家庭主妇参与的比较多。所以她决定找一个家庭主妇们最关心的话题作为开场白，以此来吸引大家的注意力。果然，她准备的这个关于日常开销的问题，成功地吸引了在场听众的注意力。她借机打开了局面，大家开始对她讲的话题产生了兴趣。这样一来就为接下来的销售做了很好的铺垫。

其实，找到**对方的关注点**是一种沟通技巧，也是一个人高情商的表现。而高情商的人不仅会做成生意，还会让对方对自己充满好感，使对方下次主动找上门。比如，客户挑选衣服时，高情商的销售员会对客户这样说："您的身材真好，您穿上这件衣服一定会很漂亮。"而低情商的人则会这么说："我们的衣服很漂亮，可以遮挡你身材上的缺陷。"两者对比之下，一定是前者说的话更能打动客户的心，而客户也更愿意购买他推销的衣服。

所以无论在什么样的销售场合，我们都要重视开场几分钟的作用，一定要找到能够**触动客户切身利益的关键话题**，增加开场几分钟的交流效果。假如从一开始就无法引起客户的注意，那么接下来你的想法就很难顺利地被客户接受，后面的交谈往往会因此陷入窘境，而这是我们都不愿看到的。所以我们要尽可能地在开场的短短几分钟就开门见山，想办法引起对方的注意，为接下来的销售活动打下一个良好的基础。

用你的微笑，将客户的戾气磨掉

你有没有注意过自己在销售时的表情？是微笑，还是面无表情？如果是前者，恭喜你，你很快就能成为顶级销售人员了。而如果是后者，你恐怕从现在开始要学会如何微笑。为什么微笑会有如此的魔力呢？因为微笑所表示的是我喜欢你，你使我快乐，我很高兴见到您。销售员每天都要面对不同的人，每个人都有可能成为你的潜在客户，而微笑就如同直通人心的世界语，能深深地打动客户的心，化解你们之间因陌生而产生的隔阂。

在一场画展中，有这样一幅奇怪的画：两张人的嘴。其中一张嘴嘴角下撇，像一个倒扣的勺子。从上面掉下的金银珠宝都顺着“勺底”滑到了地上。而另一张嘴却是嘴角上翘，一副笑眯眯的样子，整个嘴巴就像一个正放的勺子。从上面掉下的金银珠宝一个不漏地落进了嘴里。许多观众不解其意，跑去询问这幅画的作者。原来这幅画的解释是：微笑是财富的源泉。

人们听了之后恍然大悟，都觉得非常有道理。微笑意味着真诚和友善，微笑意味着尊重和理解，一刹那间足以震撼人心，赢得别人的喜爱和尊重。有谁肯拒绝微笑呢？试想，如果一位陌生人正对着你微笑，你是否感到有一种无形的力量推着你和他接近？如果看到的是一张“苦瓜脸”“冰箱脸”，你肯定会对这种人敬而远之。记住，任何一个客户都是来花钱消费的，客户可不愿意看到销售员愁眉苦脸的样子。

日本保险业推销之神原一平资质平平，其貌不扬，身高仅有 1.45 米。当初他去应聘保险公司销售员时，惨遭淘汰。人事经理对他说：“保险销售员必须有一张迷人的笑脸，而你却没有。”性格倔强的原一平不但没有泄气，反而决心一定要练出一张迷人的笑脸。他每天在家里大笑百次，弄得邻居以为他因失业而发疯了。他站到大街上，微笑着和来来往往、擦肩而过的行人打招呼。

看到原一平这副快乐的样子，有一位绅士很受感染，便邀请他共进早餐。尽管原一平饿得要死，但还是委婉地拒绝了。当得知原一平是保险公司的销售员时，绅士便说：“既然你不肯赏脸和我吃顿饭，那么我就买你的保险好啦！”就这样，原一平靠微笑签下了他的第一张保单。更令他惊喜的是，那位绅士是一家大酒店的老板，帮他介绍了不少业务。最终，原一平依靠微笑连续 16 年荣登日本保险界推销业绩第一的宝座，成为日本历史上最出色的保险销售员。他的微笑，亦被评为“价值百万美元的微笑”。

一个微笑所包含的意义就是：“我很高兴看到你，你带给我快乐，我喜欢你。”作为销售员，你不需要把聪明挂在脸上，但时刻不要忘记把微笑挂在脸上。从社会学与心理学的角度来说，微笑是人与人交流的最好方式，也是个人礼仪和修养的最佳体现，特别对于销售新人来说更加重要。

日常生活中，我们可能对此有非常深刻的体会。客户来花钱消费，肯定不愿意看到销售员愁眉苦脸的样子，而当客户怒气冲冲地来投诉时，销售员一张布满乌云的脸只会火上浇油。相反，如果销售员能够真诚地对客户微笑，就有可能感染客户，并促使他调整态度。因此，从事销售这个特殊的职业，一定要学会受人欢迎的微笑才行。

微笑也是一种力量。在销售市场竞争激烈、强手林立的今天，要想使自己占有一席之地，优质的服务是至关重要的。而销售人员脸上发自内心的微笑，又是其中的关键。一个优秀的销售人员，应该时刻保持脸上的微笑。因为我们的微笑对于客户来说，既是真诚和自信的表现，又可以给客户带来“如沐春风”般的温暖，让客户体会到我们的友善和关怀。销售人员的微笑是与客户建立感情的基础，也是让客户喜欢我们、接受我们的原因，更是鼓励客户购买我们产品的动力。

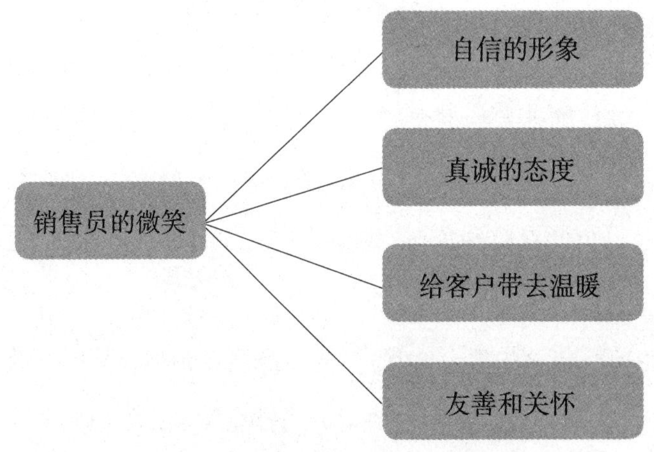

图 6.6 销售员微笑的意义和价值

如果你想成为一名优秀的销售人员，请在每一天的清晨告诉自己，要保持微笑。无论你的心情多么沮丧，无论遇到了多么大的难题，请不要让心中的烦恼表现在自己的脸上。因为面对客户，你的脸就代表了你的**气质**，你的**自信**。

无论客户有怎样的言行和情绪，即使是对你冷眼相对，不屑一顾，我们都要收起自己的情绪，把自己最完美的笑容展现给每一位客户。甚至是在生活中，我们也要学会微笑着面对身边的每一个人，因为**只有真诚可以换回别人的真诚**。面对客户，请一定牢记：要保持你的微笑。如果你真的做到了，你就会发现，销售工作原来是一项可以**给每个人带来愉悦**的事业。

认真聆听客户，准确捏住他的心

想要做成一单生意，关键在于你与客户的沟通。在沟通过程中，如果客户心情愉悦，这单生意十有八九会成功；如果客户心情很糟糕，这单生意绝对不可能做成。如何才让客户感到愉悦与满意呢？前提就是要学会聆听客户所说的每一句话。

作为销售员，在你与客户接触时，你的身份是服务人员，而客户是被服务人员，你的目的就是**让客户感到满意**。客户说的每一句话，你不仅要认真聆听，还要将它听懂，并做出恰当地回应。只有当客户的心理得到满足，你的生意才有做成的可能。

然而，在现实中，很多销售人员做不到将客户当成上帝。往往在客户滔滔不绝地诉说时，他们却听得心不在焉。试想一下，当客户询问你对他的观点有何看法时，如果你因为没有认真聆听而回答不上来，或是要求客户再说一遍，这无疑会惹得客户心生不满，甚至因为你的不关注而恼羞成怒。在这样的情况下，客户签单的概率可以说是零。

小林从事保健品的销售工作。他的专业知识非常过硬。按理说，他的销售业绩应该非常不错，可事实上，每个月他的销售业绩都在部门中垫底。领导非常疑惑。这一天，他悄悄地站在一旁，想看看小林是如何销售商品的。

有一位老大爷来到了店铺。老大爷挑选了一款产品，小林介绍产品时讲解得非常专业。老大爷立刻就买了一盒。整个销售过程顺利极了。在小林开销售单的时候，老大爷闲得无聊，与小林聊起了家常。

老大爷叹了口气说：“你说这人啊，上了年纪哪儿都不舒服。就我这腰，每到阴雨天气，就疼得下不了床，那叫一个受罪。”

小林一边听，一边在销售单上填写购买的商品信息。他很不走心地说：“是吗？”

老大爷说：“是呀。一个老朋友前一段时间还跟我在公园里下象棋。最近一连几天他都没有来。我稍微打听了一下他的消息，你猜怎么着？”

小林依旧埋着头，没有回答。

老大爷皱起了眉头，说：“人突然就没了。晚上睡觉的时候，突发脑溢血，送医院都抢救不过来了。哎，世事太无常，说不准哪天……”

就在老大爷说得尽兴时，小林突然打断他。

小林礼貌地说："大爷，单子填好了，请您先到收银台付款，然后你过来拿……"

然而，不等小林说完，老大爷就冷着脸打断了他，说："我刚才想了一下，我还是不买了！"说完，头也不回地离开了。

这让小林目瞪口呆。他实在想不明白，明明生意谈成了，怎么突然不买了呢？倒是站在旁边的领导看得一清二楚。他对小林说："你的生意做不成，是因为你不仅没有认真聆听客户的心里话，而且，也没有给予他热情地回应。你敷衍了事的态度惹得客户不愉快，他怎么会买你的产品呢！"

小林没做成生意的原因正如领导所说，客户在谈论自己的事情时，小林不仅没有认真听，也没有给予积极地回应，只是忙着写单子。这样的行为无疑会让客户觉得自己不受重视，也感到自己没有被尊重。所以即便客户先前答应了购买产品，最后也因为不愉快而选择反悔。

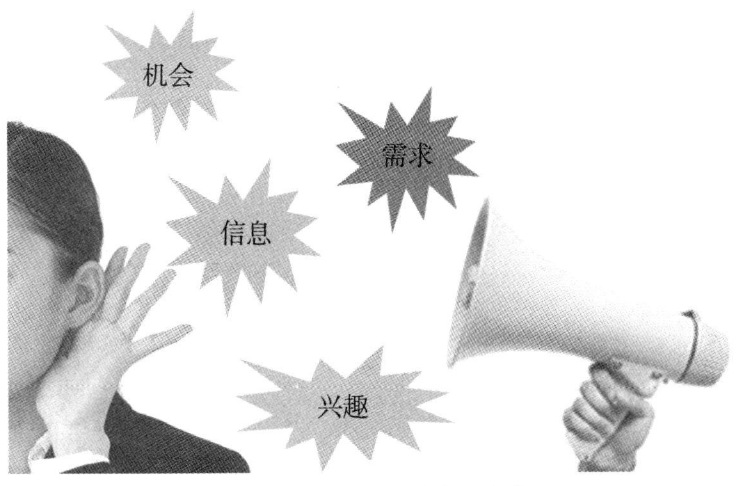

图6.7　需要倾听的主要内容

在销售过程中，当客户答应签单时，不要以为事情就此结束了，可以不将客户放在心上了。请一定要记住，只要还没有签合同，一切都有变数。因此，客户的每一句话你都要认真聆听，且给予客户适当地回应。即使交易完成后，也不能忽视客户，依然要将客户的话放在心头，不仅要认真地聆听，而且还要礼貌地回应。因为你的客户并不是一次性的客户，你得体的言行举止会让客户成为你的老客户。

此外，认真聆听客户的话会让你获得非常有用的信息，比如客户喜欢什么，不喜欢什么。当你与客户交谈时，说一些投其所好的话，也会增加签单的概率。当然，即使对方不是客户，当你与之交谈时，也要认真聆听，热情回应，因为这体现了一个人的素养。有时候，当你认真聆听一个人的话语时，还会有意外的收获。

著名的化妆品销售大师玫琳凯曾经说过："听他人诉说痛苦，并给予理解和尊重，就是一种有效的疗伤，不但能帮助他人，他人也会感激你。"对你来说，你的认真聆听所付出的只是一点时间，但对诉说者来说，你的一点时间与回应却能影响和改变他的一生。

因此，不论是你的客户，还是陌生人，你都应该认真地聆听，并且给予积极的回应。说不准，这些人中就有潜在客户。

“盘查”式聊天会吓跑客户

“你多大了？”

“你谈对象了吗？”

“你在哪里工作呀？”

……

与人交谈时，相信很多人都遭遇过“盘查”式聊天。当时，我们的反应是什么？

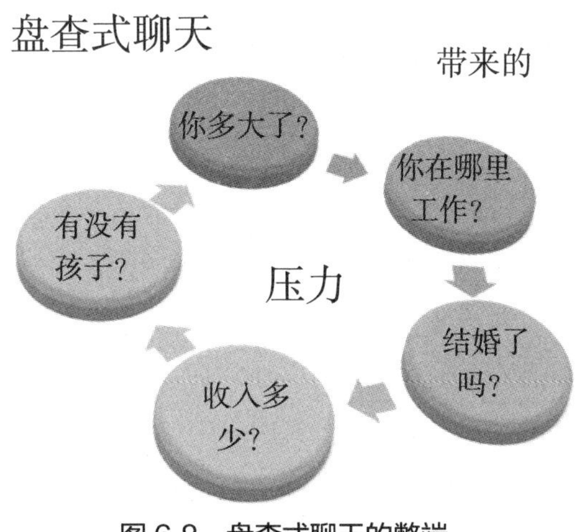

图 6.8　盘查式聊天的弊端

首先应该是**警惕**。我们会暗中观察盘问我们的人是不是不法分子，是不是想要利用我们的信息干坏事。这样的警惕是很有必要的。这是一个信息化时代。很多不法分子就是靠获得别人的信息来做一些违法的事情。

其次就是**厌烦**。当得知对方不是不法分子后，我们内心对他们的盘问会很厌烦。尤其是当对方问到一些隐私问题时，例如，收入如何，有没有谈对象，家住哪里等等，我们的厌烦就会上升一个高度，演变成厌恶。

当你与客户交谈时，你会用“盘查”的方式与对方交谈吗？如果你这样做了，客户很可能马上转身就走。

张俊是一名专业的理发师，手艺相当不错。按理说，像他这样手艺高超的理发师应该有很多客户才对。可事实上指定让张俊理发的客户非常少。有时候，虽然店里的其他理发师忙得不可开交，但是客户宁愿等，也不愿意让张俊理发。这是为什么呢？关键在于客户接受不了张俊盘查式的交谈方式。那么，我们来看一看张俊与客户是如何交谈的。

这一天，一位年轻的女客户上门理发。因为她是第一次来这家理发店，所以被分配给闲着的张俊。张俊在给客户洗头时，为了打发时间，便和客户闲聊起来。

张俊问：“我看你的发质不是很好，是不是经常做头发呀？”

“是的，一年要做个两三次。”

“我看你很面生，平时都在哪家理发店做头发呢？”

“就在我家附近。”

“你不住在这一片吗？”

“是的。”

“那你应该是在这一片工作。”张俊自以为很聪明地说道。

接二连三地盘问让客户皱起了眉头。她沉默了，没有回答。

这时，张俊又继续问：“你做什么工作呀？”

“销售。”

“你的同事男性多，还是女性多呀？”张俊不等客户回答，又继续问，“你来我们理发店，是不是同事介绍的呀？”

这一次，客户又选择了沉默。

张俊见客户不想与他交谈，于是又换了另外一个话题，但无一不是盘查式的聊天。

最后，张俊凭着精湛的理发技术为客户理了一个非常好看的发型。临走的时候，他让客户下次再来照顾他的生意。但看到客户走得飞快的身影，也许她再也不会来照顾张俊的生意了，哪怕他的技术特别好。

当有人询问女客户在哪里工作，家住哪儿等这些非常隐私的信息时，女客户心里一定会十分警惕。特别是当陌生的男士询问她时，她的警惕之心会更重。如果你是这名女客户，想必也会对张俊这种盘查式的聊天方式不仅警惕，而且很厌烦。

由此可见，“盘查”式的交谈是一种极不友好的沟通方式。此外，这种事无巨细的“盘查”式的交谈，无疑会让人有一种被强制审讯的错觉，就好像一名警察在询问罪犯。此外，这种交谈方式是很不走心的，对方一点儿也感觉不到你的真诚，只觉得你非常的急功近利。

当我们与客户交谈时，我们是主动方，而客户是被动方。所以在一问一答上，我们必须要占据主动权。那么，作为提问的一方，该如何去提问？怎样才能避免这种“盘查”式的聊天方式，营造一个良好的交谈氛围呢？

首先，你在向客户提问前，要将你的问题在心里过一遍。比如，你想要问一名女客户的年龄和感情生活。这时，你要在心里斟酌一下，换位思考一番。你要把自己当作一名女性，试想一下，当别人贸然地问你的年龄和感情生活时，你的心里会有什么感受。如果你感到很反感，那么这个问题是绝对不能问的。

其次，**避免询问客户的隐私**。我们经常会看到，影视明星及公众人物很注重自己的隐私。客户虽然不是公众人物，但也有自己的隐私，也不想自己的隐私被人窥视和打听。作为一名高情商的销售高手，在与客户交谈时，他们的提问不仅会使对方感到舒适，还能达到了解对方的目的。他们会很注重这一点，那就是提问时不涉及对方的隐私。

因此，在与客户聊天时，我们谈论的话题决不能涉及客户的隐私。隐私都包括哪些呢？比如对方的求学经历、职业规划、具体年龄、家庭状况、感情状况、收入多少、是否有房有车……

最后，改变你的提问方式。很多人有这样一个习惯，与人聊天时，会问一些让人回答“是或不是”“对或不对”之类的问题。比如：“你是 XX 公司的经理吗？”“你在 XX 公司干了很多年了吧？”“你是 XX 大学毕业的高材生吧？”等等。用这样的方式提问，不仅让对方有一种被盘查的错觉，而且你得到的回答也只是只言片语。这些简短的回答并不能让你得知客户的喜好和其他详细信息，反而会惹来客户的厌恶。

不仅仅是客户，我们每一个人都不喜欢与爱“盘查”别人的人聊天，尤其是当对方询问一些非常隐私的问题时。因此，当我们与客户交谈时，要将心比心，决不能将你所厌恶的问题脱口而出去询问客户。

透过肢体语言，剖析客户内心真实想法

当客户从你面前走过，或是与你讨论商品时，作为销售人员，我们心里首先要思考的问题就是：他有没有购买意向？成交的可能性有多大？他是不是我潜在的客户？当然，这些问题的答案很复杂，甚至可以说是一门学问。那么，下面就让我们从交流最基础的步骤着眼——学会“看”人。

当然，这里所说的“看”是指全方位地观察客户。对于销售人员而言，这是一项相当重要的技能。因为我们通过观察客户，能够观察到客户的**情绪、精神状况、经济状况**以及现在**使用产品的状况**。在交流的过程中，我们同样要认真观察客户的**一举一动**。因为这同样能够给我们提供大量的信息。这些信息，特别是**肢体语言**有利于我们判断客户的情况。

肢体语言包含的范围实在是太广了，不仅包含**躯干、四肢的动作，眼神和面部表情**同样算是肢体语言的一部分。观察客户的眼神和表情能够让

我们获得很多重要信息。如果没有特意防备，或者经过训练，大多数人的**心情、状态**会忠实地反映到眼神、表情上。客户现在说的话是发自内心，还是在敷衍我们，作为一名销售员都应该通过细致的观察来做出自己的判断。

首先，我们知道，眼睛是心灵的窗户。眼睛有时会背叛主人的强力掩藏，正所谓欲盖弥彰。很多时候，尽管你唾沫横飞、热情洋溢地向“上帝”介绍了你的商品与服务，但“上帝”似乎不为所动，面无表情，一声不吭。这时，你最好趁机观察“上帝”的眼睛，看它有没有跟着你转。如果他的视线随着你的手一起移动，这就表示他有购买的欲望。你只要再加一把劲儿，就有可能促成这笔交易。

相反，你去拜访客户时，如果他睡眼蒙胧，萎靡不振，那么你就要做好再次访问的准备。因为这时的客户根本不会认真听你的产品介绍，也不会对你的言语感兴趣。此刻，你最明智的做法就是礼貌的告辞。如果你在洽谈的过程中，发现客户的眼神中流露出不耐烦，你最好停下来，征询客户的意见，不要说个没完没了。如果你发现客户对你的产品不屑一顾，这说明他对你的产品不认可，不满意。这时，你最好尽快搞清楚其中的原因，并且调整自己的推销方向。

此外，客户眨眼的速度也能给销售人员带来准确的意向信息。通常情况下，当客户在挑选东西时，如果他眨眼睛的速度突然变快或变慢，就意味着他看上了那样东西。只要你能做到时刻注意观察客户，就能捕捉到他发出的“购买信息”。然后，你就可以找机会敲一下边鼓，促销一下产品。这也是告诉我们，即使客户在挑选东西时，不喜欢你紧紧跟随，也不要把

“线”放得太长，完全放任不管，以免错失了促销的良机。

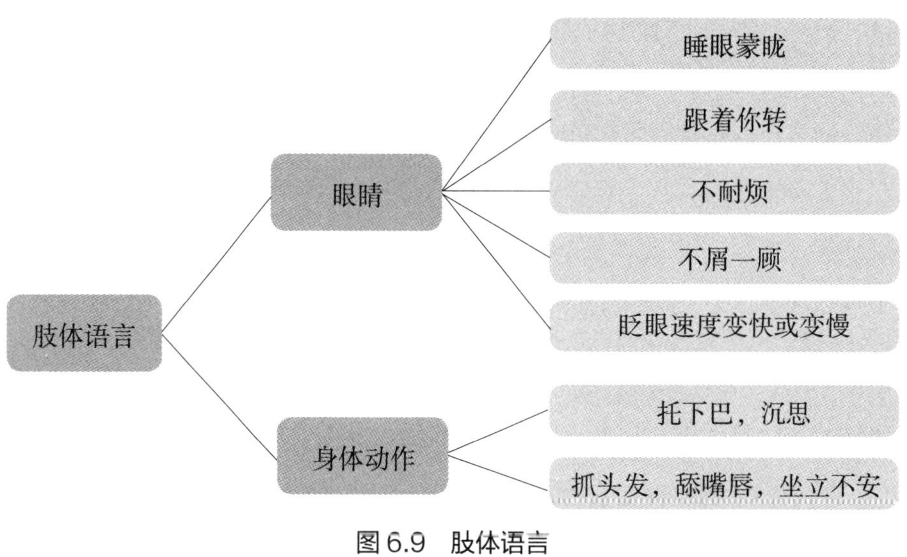

图 6.9　肢体语言

在业务介绍中，当我们将产品的细节和付款方式、交货方式详细说明后，如果客户表现出很认真的神态，那就说明他对你说的话比较在意。此时，客户的双眼紧盯着你，认真地听你说话，唯恐遗漏了什么，或者你提出了对他不利的条件。这个时候，客户已经开始接受你的产品，并打算订购你的产品。当你看到客户露出这样的神态时，你一定要明白，眼前的人就是你的潜在客户。此时，你不要犹豫，抓紧时间进一步探讨成交事宜。

同时，客户**身体的动作语言**，也会给我们透露一些非常有用的信息。我们在给客户介绍产品时，客户往往都会有一定的动作表现。你可以根据他的动作表现，来有针对性地介绍产品。比如，当客户在听你的产品介绍时，一只手摸着下巴做**沉思**状，说明你的介绍不到位，他还有不了解的地方。这个时候，你要停下来，问一下对方，有哪些不清楚的地方。等对方说出自己的困惑后，你针对他不明白的地方进行重点介绍。切记说个不停，让客户带着疑问听你的介绍。如果客户在听你的产品介绍时，有时抓头发，有时舔嘴唇，一副**坐立不安**的神态，这说明他正在做激烈的内心斗争。这个时候，你就要找出客户对产品的疑虑之处，搞定他，把订单拿下来。不要自己说个不停。不然没等你说完，心急难耐的客户就已经走人了。

另外，销售人员要学会从**心理变化**的角度来分析客户。因为一个人在产生购买意向的前后，心理上往往会发生一些变化。客户在决定购买前，心理大都比较紧张，有一种很难决策的**焦虑和不安**。一旦客户确定了购买意向，一般内心就如释重负，在行为动作上自然就会表现出**放松**的状态。比如，坐着的客户动作由原来的前倾变成后仰，这说明客户内心已经做出了购买的决定，你只需要等待客户说出来就行了。

一个优秀的销售人员，不但要有很强的**语言表达能力**，更要有一定的**心理学知识**，要善于运用自己的眼睛仔细观察，要能从客户转瞬即逝的眼神或者不经意的小动作中判断出客户的真实想法。销售员只有练就一双善于识别客户的“慧眼”，才能在销售活动中占据主导地位，把握好与客户沟通的方向。

第7章

关系推进

——与客户建立深层关系，让他对你心有所依

做客户，其实就是做关系。关系不到位，就很难打开客户的心，更不用说打开销路了。作为销售人员，学会布局和推进与客户之间的关系网，是提升销售能力和销售业绩的重要技巧之一。如何与客户建立起最佳合作关系，答案不在产品，而在于我们对于人情世故的把握。

人情味，是销售不可或缺的味道

某食品公司刚成立时没人气，没市场，没销量，第一年一直亏损。怎么办呢？再这样下去，公司只能破产倒闭。这时，有人提议组织一场大型的促销活动，在各地的大型超市或者商场，举行免费试吃活动。既然是免费的，那应是无利可图的，怎么可能挽救公司呢？奇怪的是，促销效果对于销售业绩的提升非常显著。原来不少人在免费品尝之后，都会感到有些不好意思，想一想自己都吃了别人的东西，再说味道也还不错，不买一两包怎么可以呢。

这是什么原因呢？请大家注意这句话——客户免费品尝之后“感到有些不好意思”。是的，“免费试吃”从眼前来看是不盈利的，但这种做人情的方式让客户背负了**心理债务**。于是，客户购买产品，以此**回报**厂家的付出。接受过别人帮助与恩惠的人往往会想方设法地去回报对方，这在心理学上被称为“**互惠定律**”。可不是吗，吃人家的嘴软，拿人家的手短，因为对方有“惠”于我们，所以我们必须还之以“惠”。

举例来说，原本我和你素不相识，也就谈不上有什么交情。但是前几天我们偶然见了面，也随便聊了几句。到了午餐的时候，你大方地请我吃了一顿饭。那么，我们再次见面的时候，你知道我心里首先考虑的会是什么吗？我一定会提醒自己，务必回请你吃一顿饭，好对得起你上次的付出。

按照这个道理，如果销售人员能够通过一些巧妙的方法，在**成本没有增加**的情形下，合理地**提升人情的价值**，利用人情来拉拢客户的心，那么，所获得的回报就会高许多。因为当你让客户感到欠了你一个“人情”时，他会因不好意思拒绝你而购买产品，而这正是我们强调人情珍贵的关键所在。

在情人节的前几天，一位销售员去一个客户家推销化妆品。这位销售员当时并没有意识到再过两天就是情人节。男主人接待了销售员。销售员劝男主人给夫人买套化妆品。男主人似乎对此挺感兴趣，但是不说买，也不说不买。销售员几次催促男主人购买后，他才说：“我太太不在家。”这可是一个不太好的信号，最重要的销售对象缺席，如何继续推销呢？忽然，销售员无意中透过窗子看见不远处的鲜花店，招牌上写着：“送给情人的礼物——红玫瑰。”这位销售员灵机一动，说道：“先生，情人节马上就要到了，不知您是否已经给您太太买了礼物？我想，如果您送一套化妆品给您太太，她一定非常高兴。”

男主人听了眼睛一亮。销售员抓住时机，又说：“每位先生都希望自己的太太是最漂亮的。我想，您也不例外。”果然，男主人笑了，问他一套化妆品多少钱。于是一套很贵的化妆品就这样卖出去了。后来这位销售员如法炮制，成功地推销了数套化妆品。

正所谓人情味最容易打动人心，人心换人心，你真我就真。只要销售人员明白了这个道理，并且掌握了**增进人情味**的细节技巧，就一定能取得好业绩。

日本千什县有一家石井药房。每天来药店买药的客户都会留下病历卡，而且病历卡上都写有患者的出生年月日。根据这些病历卡，石井药房得知了每一个客户的生日，然后按月、日顺序详细地整理、记录下来。每年药房都会给客户们送一张生日贺卡，上面写着："您的健康是我们最大的心愿。如果您完全康复了，请告知我们一声；如果您不幸仍需要用药，也请告知我们一声，我们将竭诚为您服务。衷心祝您生日快乐，健康快乐！"如此充满温情的问候，让人很是感动。因此，只要来过的客户都会很满意地记住这家药店的大名，下次买药时就会再次光顾。

作为销售员，别总是急着向客户推销，不妨试着让自己的销售更有"人情味"一些。比如，经常去拜会一下客户，每周发送关心短信，平时过节送上祝福，客户生日时送去蛋糕，生病时及时看望……一个关切的举动，几句动情的话语，看似再平常不过，却人情味十足，更容易获得客户的好感和信赖。如此一来，你的销售工作必将事半功倍。

客户没有购买目标，我们帮他寻找方向

销售员最头疼的事情莫过于客户没有购买欲，缺少目标。一个没有目标的客户，不管你的产品有多好，不管你的话术有多么高超，也无法让客户真正的动心。任何时候都不要觉得客户走进你的店里，就已经准备购买产品了。自古以来人们就喜欢看热闹，就喜欢逛街。看见好东西，即便是不买，也会夸上两句，所以才有“喝彩是闲人”这么一句俗语。

幸好人们有逛街的需求，这才让销售人员能有帮客户购买产品的机会，才有客户发现自己对产品是有需求的机会。一旦销售人员与客户发生了接触，那么只要帮助客户找到方向，就能够完成销售。

我们所说的客户没有购买目标，这种状况并不是一直持续下去的。将这句话换个方法说，你就能一下子豁然开朗。这句话的本意是，客户本人，现在还**不知道**，自己有**购买目标**。

首先，我们从“客户本人”这一点着手。既然客户本人觉得自己不需要产品，缺少购买目标，那么其他人呢？客户是否有亲人、朋友，又或者**他关心的人**需要我们的产品呢？客户不能确定，我们也不能确定。但是我

图 7.1　帮客户找购买目标

们可以通过一些**提示**让客户想起来。一年当中有那么多的节日，有那么多的气候变化，甚至在生活当中我们的产品能为客户提供多少便利，这些都是我们可以利用的用于提醒客户的机会。因此，我们有非常多的机会提醒客户，即使他不需要我们的产品，他关心的人也有可能需要我们的产品。

其次，客户现在不需要我们的产品，那么客户**将来**是否需要呢？如果我们的产品是日常生活中经常使用的，那么客户早晚会有用上的时候。客户现在觉得自己没有购买目标，只是因为客户觉得当自己要使用的时候再购买也来得及。那么，我们不妨给客户一个**不能拒绝的理由**。

最简单的理由就是打折促销、加量不加价、反季产品促销等，这些都是让客户购买的理由。现在购买产品，是能够节约成本的。如果确定自己有需要的时候再来购买，就可能错过了促销活动，而且要花费更多的成本。销售员可以告诉客户，机不可失，时不再来，与以后购买相比，**现在购买是更好的选择**，那么客户就会产生购买目标了。

另外，客户**不知道**自己有购买目标。有些客户只是不知道自己有购买目标而已，而并不是真的没有购买目标。有些时候没有对比，客户就不会知道自己当前的处境究竟是怎样的。一旦销售员为其指出来，通过明确的对比，往往就能够让客户知道，自己并不是没有购买目标，只是**没有发现。**

一位男士穿着一双运动鞋逛商场。一位销售员向男士推销自己的清洁产品。男士非常自信地告诉销售员，自己的鞋子经常刷，所以很白，并不需要他推荐的清洁产品。而销售员没有再说什么，只是请求这位男士能不能让他试一试产品的清洁效果。男士犹豫了一下，就答应了销售员的请求。于是销售员拿出了擦鞋布，滴了一些清洁产品在上面，再用布在这位男士左边的鞋子上擦了一下。然后，销售员请男士做一下对比。男士发现，虽然右脚的鞋子看上去也很白，但是跟左脚那只刚刚清洁后近乎全新的鞋子相比，就差得太远了。于是，男士二话不说，买下了销售员的清洁产品。

清洁鞋子的产品，什么样的人才需要？是那些鞋子比较脏的人吗？当然不是。那些鞋子脏的人，对于鞋子的干净程度没有那么在乎。只有那些将鞋子刷得很干净的人，才会更加在意自己的鞋子能不能更干净一点儿。

你觉得客户没有购买目标，只是因为你没有更深入地研究客户的需求和心理。当你真正了解了客户的心理和想法以后，你就会发现，很容易就能帮客户找到购买目标。

我们帮客户买的不是产品，而是对他的价值

将产品卖给客户，就是帮客户购买产品。这是一种**服务精神**，也是一种双赢。客户喜欢什么样的产品，我们就要将这样的产品推荐给客户。销售员想要更好地帮助客户，那就必须知道客户喜欢什么，客户的需求是什么。

那么，客户究竟喜欢什么样的产品呢？喜欢性能比较好的？喜欢价格比较低的？还是喜欢外形比较美观的？我们无从得知。客户需要什么样的产品，并不取决于产品本身，而是取决于**产品能为客户实现怎样的价值**。

同样的产品，对于不同的客户有着截然不同的价值。同样是购买冲锋衣，有的客户可能想穿着这件冲锋衣去登山，他看中了冲锋衣的保暖、防风功能。有的客户可能是喜欢冲锋衣的外形，觉得穿起来既方便又美观。有的客户可能是品牌的拥护者，喜欢这个品牌，所以购买这个品牌的冲锋衣。甚至有的客户因为某个明星穿过这个款式，或是某个明星是这个品牌

的代言人，而去购买这件衣服。

客户在购买产品的时候有着截然不同的理由，而产生这种现象的原因就是客户需要的并不只是产品，而是**产品实现的价值**。

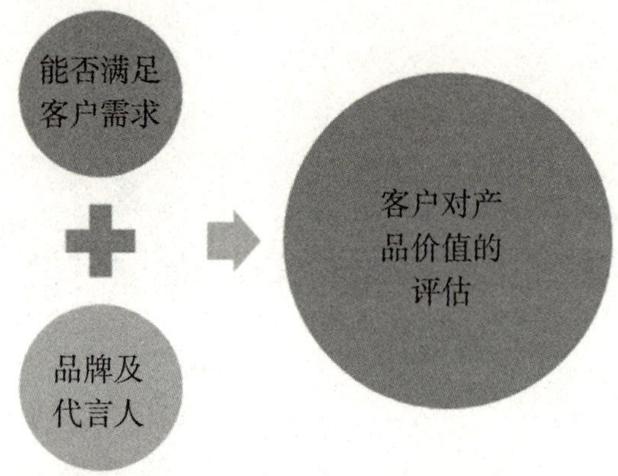

图 7.2　客户买的是产品能实现的价值

影响客户对产品价值评估的因素有很多。当这些因素结合起来的时候，才是一款产品真正的价值体现。

1. 能否满足客户的需求。

客户的需求是一个笼统的概念，却也是最直观的概念。客户在购买产品的时候，最先考虑的就是需求。如果一款产品不能满足客户的需求，那么剩下的能够为产品增添价值的东西也就变得毫无意义了。

一件产品是否**实用**，有着怎样的**功能**，购买后对客户是否有**意义**，这些都是客户的需求点。一位追求实用的客户，是不会购买什么联名款、限定款的，因为产品能够正常使用就已经能够满足他的需求了。而那些品牌的粉丝，则需要购买联名款、限定款，以此来展示自己对品牌的热爱以及满足其在他人面前炫耀的心理。需求不同，购买的目标也就不同。

2. 品牌和代言人，是具有价值的。

每个人都知道**名牌产品是溢价的**。再好的产品，也与其本身的造价相去甚远。但是人们往往乐于购买名牌产品。

名牌本身的价值在于其品牌的**历史和故事**，而在历史和故事当中，又突显了品牌的**追求**。如同打火机品牌 Zippo 一样，之所以能够长盛不衰，就是因为其悠久的历史和众多的故事。在这些故事里，Zippo 打火机的质量惊人的好，使用寿命也远超其他同类产品。这就传递给客户一个认知，用 Zippo 可以省去很多麻烦，可以显得你很专业。

代言人的作用则是吸引代言人的**粉丝**。粉丝们每时每刻不想着能和自己的偶像拉近距离。而与偶像使用同一款产品就是拉近双方距离的方式之一。很多粉丝在选择产品的时候，甚至将产品本身的价值抛在了一边，只要能与自己的偶像距离更近，产品能否使用已经不那么重要了。

客户购买产品有一万种理由，但是这一万种理由没有一种是因为产品本身的。因为这是馒头，所以我要购买。这种购买理由是不存在的。购买馒头的人是因为肚子饿，想要吃馒头，才会去买馒头。或者他今天想吃馒头，所以去买馒头。因此，我们在帮客户购买产品的时候，就是在帮客户购买对客户来说最有价值的产品，而不是产品本身。

永久保持亲和力，才能与客户建立最佳关系

一般来说，学会与客户套近乎是销售人员必须掌握的沟通技巧之一。包括打招呼的技巧、聊天的技巧等等。很多时候，你会发现那些优秀的销售人员通常有一个特点，就是具有非凡的亲和力，也就是俗称的“**自来熟**”。他们能跟任何客户都聊得来。通常他们并不急于跟客户谈产品的事情，而是东拉西扯地聊上几句。等到跟客户谈起产品的时候，两个人俨然已经成为老朋友了，接下来谈产品、谈价格就是顺其自然的事情。

其实，这种东拉西扯的聊天并不是漫无目的的，而是一种与客户**培养感情**的技巧。一旦与客户之间建立了感情，后续的销售工作就会简单很多。因此，那些善于与客户套近乎的销售人员，正是善于把**销售简单化**的聪明销售员。

一天，王阿姨独自去菜市场买菜，走到半路时突然腰疼。她知道这是腰疼的老毛病犯了，便在路边的长椅上坐下休息，用手不停地捶打着腰部。这时，一个扎着马尾辫的女孩走过来，以亲切的口吻询问：“阿姨，您腰疼好点儿了吗？”说完，她还蹲下来帮王阿姨轻轻地捶打起了腰部。

王阿姨是一个性格比较内向的人，从来不喜欢和陌生人说话。此刻，女孩如此亲切的问候和举动，让王阿姨误以为自己认识这个女孩，但一时想不起来了。她连忙笑着问：“不好意思，我们见过吗？你有什么事吗？”

“我看您坐在这儿，就忍不住心疼。”女孩笑了笑，说道，“虽然我们是第一次见面，但不瞒您说，我妈和您一样也有腰疼的毛病，干点儿家务就酸痛，有时都直不起腰来，看了好几家医院都治不了根儿。我很心疼我妈，下定决心一定要帮她治好腰。为此我从老家来到这儿，开始学习针灸按摩……”

两个人足足聊了一个小时。女孩临走前，王阿姨主动提出交换联系方式，并表示愿意试一试针灸按摩。

在生活中，我们常会遇到这样的销售员，一见面就说：“我是某某公司的，希望能和您谈一谈。”我们的回答通常是：“不需要。”这是陌生人和陌生人之间的交谈方式。我们凭什么相信一个陌生人推荐的一种不是很需要的东西呢？我们有掏钱的理由吗？而这个女孩却以亲切的态度关心王阿姨，言语举止之中表明我们是熟人。这让王阿姨有一种一见如故的感觉，因此对其置之不理说不过去，最终接受了女孩的推销。

这就是**亲和力**在销售过程中所起到的神奇作用。那么，我们应该如何掌握这种快速与客户培养感情的技巧呢？

首先，我们要学会与客户聊一些工作和销售以外的话题，并从中寻找与客户的**共同点**，加深彼此的了解。在这个过程中，有一些小技巧是我们需要掌握的。首先要学会**赞赏**，对客户的经历和成就表示由衷地钦佩和赞赏。其次，对于客户遇到的困难，在我们**力所能及**的范围内要真诚地为其**提供帮助**。

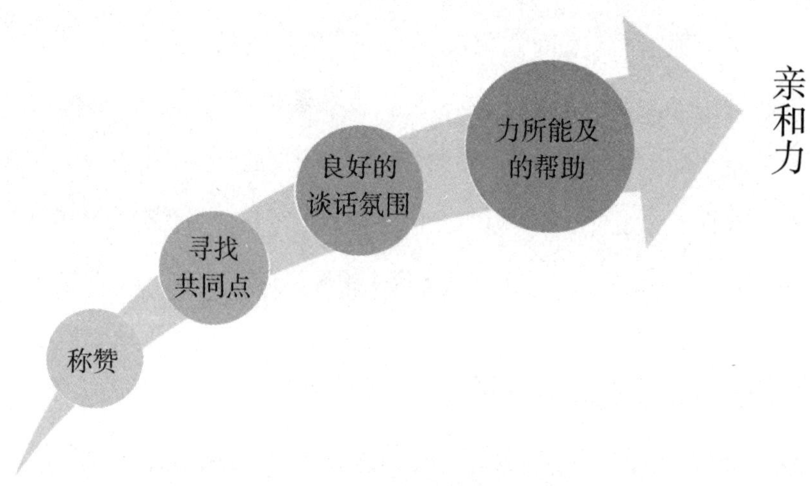

图 7.3　销售员的亲和力要素

在与客户的聊天过程中，我们要尽量保持**轻松自然的氛围**，更不能与客户争吵、辩论。这是因为轻松愉快的氛围有利于我们与客户快速地建立起感情。还有值得一提的是，与客户聊天培养感情时，要懂得控制时间。尤其是不能因为聊天过于投入，而忘了此行的目的，把销售任务抛到了脑后。那样聊天就失去了意义。

其次，销售人员要努力让客户对产品、生产厂家和销售人员产生**发自内心的感情和信任**。这也是提升客户**忠诚度**的关键所在。试想，假如客户对我们的产品、我们的公司产生了发自内心的情感，对我们的产品有一种**亲近感**，这种力量将是何等的强大？

很多时候，依靠销售人员精彩的讲解和推荐，很容易让客户受到感染，充满激情，并且当场决定成交。但是我们也必须认识到：这种高成本换来的激情很难持久，并不一定能够带来客户忠诚。那么，我们应该如何把充满激情的客户培养成忠诚的客户呢？这就需要在“**亲密**”与“**承诺**”上下功夫。

广告与促销能引发客户对产品的**注意力**与**购买冲动**。但是真正让客户喜欢产品并且对产品爱不释手的还是要靠产品、厂家、商家及销售人员**带给客户的价值：优异的质量、卓越的功能和贴心的服务。**只有让客户在使用的过程中真正感受到该产品物有所值甚至物超所值，客户才会重复购买，并逐渐成为忠实的客户。

当然，与客户之间的感情沟通并不仅限于与客户的当面交流。日常销售中，我们肯定要经常给客户发一些电子邮件、QQ 留言以及微信、短信等，作为日常销售中的产品沟通手段。其实，我们在给客户发邮件以及短信的时候，不一定局限于产品以及商务往来的内容，也可以发一些纯粹的沟通感情的邮件和短信。例如逢年过节，或者中国传统节日以及客户生日，都可以给客户发一些祝福的内容。即使当时我们没有需要联络的销售工作，仅是纯粹出于朋友的角度，也可以跟客户联系。

要知道，就是靠着平日里这种不起眼的**感情联络**，才能让客户在有采购需要的时候第一个想到我们。因此，日常生活中与客户**全方位、多方面**的感情沟通，也是我们销售工作中重要的一部分。

总之，与客户沟通，不一定非要一上来就直奔主题，抓住产品不放。我们可以适当地与客户沟通感情，并借此过程给我们与客户之间的感情加温，从而提高签单的概率。即使有些性格开朗的客户喜欢开门见山，那也不代表他们就讨厌销售人员真诚友好的问候。所以说，与客户谈产品，有时候也要做足**产品之外的功夫**。中国功夫中有“声东击西”“隔山打牛”等招式，我们在日常的销售工作中完全可以借鉴一下，用“亲和力”为自己的推销打开局面。

送给客户真诚关怀，不要只想着客户的钱袋

对于一个销售人员来讲，客户就是我们的上帝，客户有权拒绝。**产品不是万能的。任何产品都有它起作用的范围和无法起作用的范围**。这是一个基本常识。但是在某些销售人员看来，他们的产品就是万能的。他们向客户介绍产品时，恣意地夸大产品的性能，这无疑为他们日后的推销工作带来隐患。这是万万不可取的。

日本著名的推销大王原一平说过：“做人做生意都一样，要诀是诚实。诚实就像树木的根，如果没有根，那么树木也就没有了生命。”

原一平也用自身的实践和经历证明了这一点。他年轻时曾经在一家生产办公设备的企业做销售员。他凭借自己的努力，销售业绩节节攀升，拥有了一大批关系非常好的客户。在一次偶然的机会中，他发现自己现在卖的一款产品比其他公司同样性能的产品价钱要贵。他想：如果客户得知

了这个情况，一定会觉得我的产品多赚了他们的钱，会对我的信用产生怀疑。

之后，为了妥善地解决这个问题，原一平便带着客户当时签下的购买订单，逐户拜访，并如实地向客户说明情况，请求客户重新考虑选择产品。这种看似荒唐的做法使每个客户都深受感动。最后的结果是那已经签了订单的 30 人中没有一个解除合约。这件事反而加深了原一平与他们之间的信任和感情。

无独有偶，销售大师乔·吉拉德也有这样一句名言："我相信推销活动的真正开始在成交之后，而不是之前。"作为销售大师，乔·吉拉德的口才虽然很棒，但有时也会遇到"坚决"的客户。无论他怎么介绍产品的优点，对方都不买账。这时候，乔·吉拉德不仅会向对方表示感谢，还会邀请对方随便转转，说不定就会有心仪的汽车。即使这些客户真的不需要，乔·吉拉德也会对客户始终保持礼貌和尊敬。这就给人们留下了很好的印象，吸引了他们下次再来光顾。

在销售过程中，乔·吉拉德始终坚持"**以客户利益为先，追求利润次之**"的原则。当二者发生冲突时，他会主动地适当**降低利润**，甚至有时不拿提成。有的同事觉得他这种做法有点傻，有点吃亏，但乔·吉拉德说："做生意应该懂得细水长流，这一次你不挣钱，价格实在，你就会获得客户的信任，吸引他们来第二次，第三次……"

乔·吉拉德与客户们始终保持联络。他制订了一项给客户写信的计划，坚持每个月给所有的客户寄出一封信。其目的就是希望客户不要忘了自己，失去自己的联系方式，以保证对客户购买的产品负责到底。以致他的客户曾经开玩笑说：“当你从乔手中买下一辆汽车后，你必须要出国才有可能‘摆脱’他。”

当然，乔·吉拉德的客户也十分爱他。在15年的汽车销售生涯里，他总共卖出13000辆，而最多的一年竟卖了1425辆。

一名优秀的销售员达成一笔交易往往会有三笔财富，一笔财富是**工资和提成**，另一笔财富是**经验的积累**，第三笔财富是**良好的客户关系**。成交并非是推销活动的结束，而是下次推销活动的开始。将每一个客户当作终生的朋友，用**真诚和负责**的态度去对待他们，你坐着就能一直收钱。

销售员的使命是给客户提供**更好的服务**。不管是推荐客户购买产品还是为客户提供咨询、售后，都是服务当中重要的一环。赚钱，是销售的目的。想要实现这个目的，就必须完成自己的使命。如果一心只想从客户的口袋里掏钱，把赚钱变成自己的使命，将销售产品当成自己的目的，那就是本末倒置了。

也许有人要说，不管我的目的是什么，我是怎么想的，只要我能将好的产品推荐给客户，完成交易，还能赚到钱，这不是都一样吗？其实不然。有些人做销售不仅能够卖出产品，更是跟客户成了朋友。老客户介绍新客户，以后就会有客户源源不断地找上门。然而，有些销售员本来销售产品的时候就已经倾尽全力，但是客户购买产品以后就再也没有联系。别说客户帮忙给他介绍客户了，连回头客都没有一个。这就是本末倒置带来的恶果。

障碍破解

——疏通客户内心疑虑，为客户购买提供有力依据

客户的内心疑虑是阻碍成交的最大障碍。要想破解它，就必须要有消除客户疑虑的亲和力和影响力。帮助客户消除购买心理障碍，促成交易，这是销售人员的使命。要想成为一名优秀的销售人员，就一定要时刻牢记使命。

挖掘客户需求，并帮客户创造需求

帮助客户**挖掘潜在需求**，是一种把被动销售转化为主动销售的高级技巧。掌握了这门技巧，销售人员就会明白，很多时候，客户的潜在需求是**多种多样**的，是可以**引导**的。销售过程最大的乐趣不在于满足客户需求，而在于挖掘客户需求，甚至是**创造客户需求**。这样的销售行为不仅让销售人员站在了主动的位置上，也为客户获取**预期以外**的更好体验提供了实现的可能，而且能够为买卖双方带来美好的销售体验。

我们不妨设想一下，在过去的社会里，人们没有洗发水、沐浴露一样洗澡。但是现在如果没有这些洗浴产品，显然大家就会觉得非常不方便。过去人们没有电话、传真、电脑一样办公，现在没有这些办公产品，可能公司连正常运转都无法维持。与其说这些产品都是人们创造出来的，不如说这些**需求都是人们创造出来的。**

所以说销售人员的工作就是不断地给客户创造需求，而不仅仅是满足需求。因为满足人们需求的产品往往是人们的必需用品。比如柴米油盐，是人们生活不可缺少的物质。没有这些，人类就无法生存。所以这些几乎

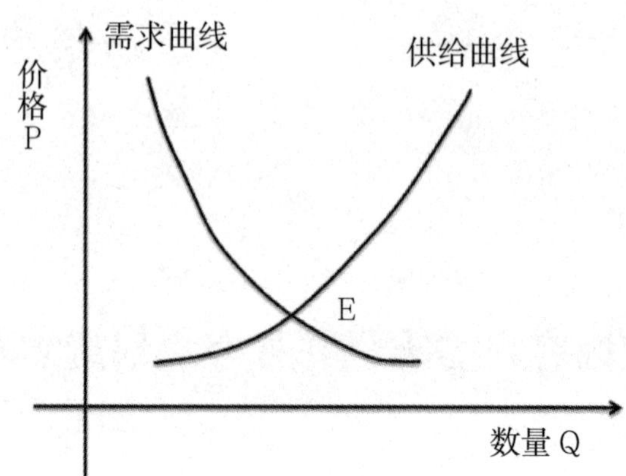

图 8.1 需求与供给曲线

用不着推销，大家都会去购买。然而，蛋糕、牛奶、可乐这些对于人们来说可有可无。如果销售员懂得引导客户购买，那么他们也许会接受。如果销售员不创造客户需求，不引导客户购买，那么这些产品对于客户来说就是多余的。因此，推销就是创造需求。

一天，王培上街去买电钻，最后却乐颠颠地在一家婚介所交了三千元的介绍费。他的做法让身边所有的朋友都觉得匪夷所思。在大家的强烈要求下，王培讲了自己的经历。

原来王培上街买电钻时，中途遇到一个在婚介所工作的朋友。朋友问王培，去做什么？王培说买电钻。朋友兴奋地拍手道："太巧了，前几天我刚买了一个电钻，用了一次就没再用。我花 100 元买的，干脆 50 卖给你得了。"一下子就省了一半的费用，王培自然很乐意，并约定明天上午去朋友家里取电钻。

按理说，朋友把电钻卖给王培就行了，但朋友追问王培，买电钻做什么。王培解释道，想在墙上打一个眼，装个挂钩，买一幅油画挂上去。朋友又追问，为什么要买油画，是不是个人喜好。王培无奈地摇摇头，解释道："因为房间里显得太空旷了，不够温馨。你也知道的，我是一个程序师，忙得没时间找女朋友。晚上加班回家又很晚，天天对着一块大白墙，感觉很凄凉，没有家的感觉。"

朋友一拍脑袋，大笑道："费劲儿买什么电钻、油画啊，来我这儿，一切都解决了。"随后，朋友开始介绍起自己的婚介服务，并带着王培乐颠颠地交了钱。

现在你有没有发现，对于一个买电钻的人，婚介所也是有商机的。买一个电钻、一幅油画，这是王培的**显性需求**。而这位朋友却通过深挖王培的需求后发现，其实王培要的不是电钻和油画，而是"马斯洛需求层次理论"的第三层——社会交往（爱、情感、归属感）。最终，他通过介绍自己的婚介服务，把潜在客户变成了实际客户。

那么，我们如何帮助客户创造需求呢？通常来说，创造需求就是打破市场常规，**改变客户的生活习惯，**让客户不知不觉地接纳你的产品。因此，**销售的最高境界就是卖观念**。要想让客户接纳产品，首先必须让他们接受你的观念。只有人们的观念改变了，思想改变了，行为才会做出改变。

优秀的销售员不会强调**产品的品质**，而是强调**消费观念**。例如，他们在推销产品之前会强调健康意识、环保意识、学习意识、安全意识等消费观念。让客户多花钱购买更好的产品、更先进的产品、更省钱的产品、更时尚的产品。只要消费观念被客户接纳了，产品自然就很容易被客户接受。

如今的时代是一个服务的时代，也是一个个性化的时代，**产品的功能并不等于产品的价值**。只有**客户觉得产品好才是真的好**。因此，销售的关键在于挖掘客户的需求，然后满足他们的需求。当人们的需求不断地改变时，我们的产品就必须快速地更新，重新创造新的需求点。

很多情况下客户只是简单地根据自己的需要去寻找为自己解决问题的产品。但是，他们并不具备专业的产品知识。然而，作为销售人员，完全可以把客户的真实需求以及潜在需求看得更加清楚。我们可以运用种种手段去影响客户的需求，给客户以更完美的产品体验，让客户明白他们购买的不只是产品，而是一种超值的服务和完美的体验。

如果我们能够做到这一点，那么就能够成功地挖掘出客户的潜在需求，甚至为客户创造出新的需求，而不是客户要什么产品，我们就提供什么产品那么简单。并且在给客户提供更好的解决方案的同时，我们的销售业绩也在不知不觉中得到了进一步提升。

客户抱怨千百遍，我待客户如初恋

大多数情况下，销售人员很难做到客户心目中的**尽善尽美**。总会有一些客户对产品或服务产生不满和抱怨。客户的抱怨行为是因为对产品或服务的不满意而引起的具体的行为反应。客户有抱怨就意味着销售人员提供的产品或服务没有达到他们的预期，没有满足他们的需求。

另一方面，也表示客户仍旧对我们的产品具有**期待**，并且希望我们能够**改善服务水平**。因此，可以说客户的抱怨对于销售人员和企业来说，是一种鞭策和督促，时刻提醒我们要进一步提高产品质量和服务质量。

有句话说得非常好：**"嫌货才是买货人。"**这其实反映了销售活动中的一个普遍规律。嫌产品不好的客户才是真正的内行，才是真正对我们的产品有购买意愿的人。美国著名销售大师汤姆·霍普金斯就**把客户的抱怨比作金子**："一旦遇到抱怨，成功的销售员就会意识到，他已经到达了金矿；当他开始听到不同的意见时，他就是在挖金子了。"

的确，如果一个客户对你的任何购买建议都无动于衷，对你的产品也没有任何异议，甚至一点儿挑剔和抱怨都没有，那么，不用猜了，这个客户几乎没有一点儿购买产品的欲望或需求。因为在他看来，你的产品好与不好和他根本没有什么关系，对他也没有丝毫的影响。既然如此，他自然不必浪费心思和你讨论产品的好坏。

打个比方，如果你向一位客户推销一款汽车。你口若悬河地和对方大谈什么绿色环保、动力十足等等。可是，你说了半天，对方只是笑着听你说，一直不发表什么意见。那么，这时你就要考虑换一款汽车向客户推销。因为你现在推荐的车型根本无法引起客户的兴趣。如果他对你推销的车型有兴趣的话，他就会问你很多关于这款汽车的详细信息，并且他会就自己不满意或者不了解的方面提出一些问题。

曾经有机构做过统计，在销售工作中，那些提出**异议和抱怨**的客户，如果问题获得了圆满的解决，那么他们的忠诚度通常会比那些从来没遇到问题的客户要高出许多。因此，客户的抱怨并不可怕，可怕的是销售人员不能有效地化解客户的抱怨，并最终导致客户的流失。反过来说，如果客户没有抱怨，对于销售人员来说，并非是一件好事。有销售专家曾说过这样一段话：**“与客户之间的关系走下坡路的信号之一，就是你再也听不到客户的抱怨了。”**

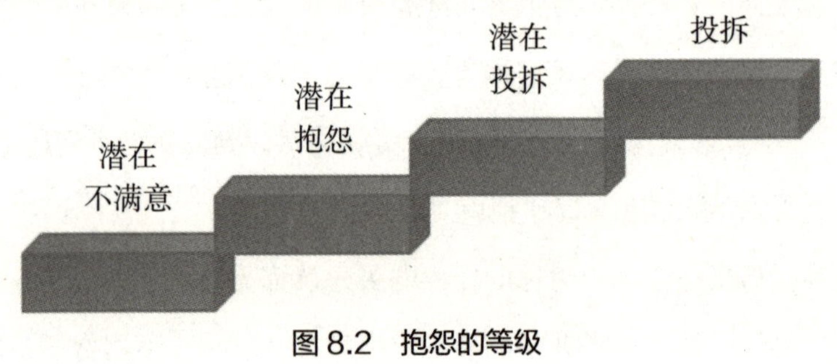

图 8.2　抱怨的等级

统计结果显示，提出抱怨但却对经营者的处理感到满意的客户，其二次采购的比例达到 70%。而那些感到不满意却没有采取任何行动的客户，其二次采购的比例只有 36.8%。这一研究结果一方面反映了对客户抱怨的正确处理可以提高客户的忠诚度，可以保护乃至增加经营者的利益。另一方面也反映出这样一个事实：**要减少客户的不满意，就必须妥善地处理客户的抱怨。**

我们要想做好销售事业，就离不开客户的抱怨。如果销售人员能够换一个角度来思考问题，真正地把客户抱怨当作客户送给我们的一份礼物，那么我们就能充分地利用客户抱怨所传达的信息，把销售工作做得更好。

首先，我们要学会以**良好的态度**应对客户的抱怨。保持良好的态度是我们处理客户抱怨的前提。然而，保持良好的态度这件事情却是说起来容易做起来难。它要求销售人员不仅要有坚强的意志，还要有自我牺牲精神，放低身段去迎合客户。只有这样，我们才能更好地平息客户的抱怨。

第二，我们要学会了解客户**抱怨背后的意愿**。正确处理客户的抱怨，我们首先要做的就是了解客户抱怨背后的意愿到底是什么。这样有助于我们按照客户的意愿去处理问题。这是解决客户抱怨的根本方法。

例如，从表面上看，客户提出抱怨说，他们打电话要求公司处理一个简单的问题，但是他们等了好几天，公司都没回应。而这个抱怨的深层意义是：客户是在警告销售人员，他们下次会去找另一家公司购买同类产品。令人遗憾的是，许多销售人员只听到了客户表面的抱怨，并没有洞察客户抱怨的背后所掩藏的真实意图和需求，结果却因对客户的抱怨处理不当，导致了大量客户的流失。

第三，销售人员一定要以积极的行动来化解客户的抱怨情绪。客户抱怨的目的主要是让销售人员用实际行动来解决问题，而不仅仅是口头上的承诺。如果客户知道你会有所行动，自然就会十分放心。当然，销售人员光嘴上说说，这绝对不行。接下来，我们还得拿出实际行动来解决客户的实际问题和需求。而且，我们在行动时动作一定要快。这样一来可以让客户感到**被尊重**，二来表示销售人员**解决问题的诚意**，三来可以防止因客户抱怨导致的**负面宣传**对公司造成重大损失。

作为销售人员必须明白，只有对我们的产品有了进一步的了解或者体验之后，客户才会从心理上接受我们，并且拉近与我们之间的距离。所以，当客户对我们的产品表现出不满意之后，我们要做的就是迅速地行动起来，**在第一时间进行补救**。这样的销售员才是真正合格的销售人员。如果销售人员都能够做到这一点，那么我们很快就会发现，原来**客户抱怨也可以帮助我们提升销售业绩**。

客户举棋不定，我们帮他决定

生活中，每个人都会有自己的想法和观点，而这些想法和观点的不同也往往会造成我们与别人之间的意见分歧。即便最寻常的吃饭这件事也是如此，你喜欢吃甜，他喜欢吃辣，你不喜欢某种食物的味道，可是他却对此情有独钟。在销售工作中，我们经常会遇到一些举棋不定的客户。在他们的大脑里就像有两个口味不同的人在争夺订餐的决定权，一个要甜品，一个要辣的。面对产品或者服务时，他们因为种种原因犹豫不决，仿佛患了选择恐惧症，无法尽快地做出决定。

面对这样的客户，作为销售人员，如果等着客户一直犹豫下去，这不是解决问题的办法。但是如果销售员强行替客户做决定，这也不是明智之举。那么，销售员究竟应该如何做呢？这个时候，销售人员就需要能够在最短的时间内了解和掌握客户的心理，不着痕迹地引导对方认同自己的观点，并做出抉择。

一位建筑商的生意越做越大，便想换一个办公地点。于是，建筑商便找来了一位房地产经纪人。当房地产经纪人问他想要怎样的房子时，建筑商看着窗外的景色，感慨地说："我现在的办公室是租的，而且，随着人员的增多，明显空间不够用了。所以，我想买一间更合适的房子。我理想中的房子，办公室没有必要太豪华，宽敞、整洁就可以了。但是每天必须能够让我看到美丽的景色，能够低头看到近处的公园，能够远眺波光粼粼的河水，享受忙碌工作之后的静谧。"

听了建筑商的话，房地产经纪人想：他想要的不就是现在的房子吗？因为这里完全符合他的期望，有他喜爱的美丽公园，也有他喜欢眺望的碧水蓝天。于是，经过思考之后，房地产经纪人说："您为什么不买下这套房子呢？如果你担心空间不够的话，我知道隔壁还有一套更大的房屋要出售。而且，也只有这里才能看到您所说的美丽景色啊！"

可是这个建议遭到了建筑商的反对。建筑商说："这套房子虽然非常好，但是明显已经旧了。我已经在这里待了八九年了，而且，它的建筑结构并不完美，有很多的问题。它使用的建筑材料也不是环保的。你知道，我是搞建筑的，最懂这些东西了。我比较中意旁边的那套新房子，它是前年才建造的……"

房地产经纪人静静地听着建筑商的话，脑子里飞快地思考着：他究竟是什么意思呢？他对这套旧房子表示不满，但是他理想中的房子却完全与它的条件相符合。经过一段时间的思考后，他终于摸准了建筑商的真实心理。其实他最中意的还是这里，那些批评它的话，只不过是一些无关紧要的理由罢了。或许建筑商也不知道自己内心的想法，或许他只是听从了别人的意见。

等建筑商停了下来，房地产经纪人没有继续劝说，而是巧妙地转移了话题。他来到了窗边，问道："这里的景色真的很不错，您开始创业的时候就在这里吗？"

建筑商听了，感慨地说："是啊！我就是在这里成立了自己的公司。当时，只有几个员工，条件非常艰苦。我虽然是老板，但是每天也要拼命地工作，时常加班到半夜一两点。累了的时候，我就会静静地望着楼下的公园，看那里的人们悠闲地散步，或是远眺河面的景色……"

建筑商显然已经动了感情。他滔滔不绝地讲着，回想起了自己创业的经历，经过一番奋斗所取得的一些辉煌成绩。然后，他就默默地望着窗外，很久没有说话。

过了很久，建筑商突然说："你说得对，我最想要的就是这样的房子。之前，我之所以想要搬离这里，一方面是因为空间不够用，另一方面就是看到其他人都搬进了豪华的办公室，担心自己被别人看不起。可是，这里是我们公司的诞生地，是见证了我们的艰辛努力和辉煌成就的地方！我对这里有着深厚的感情，相信其他员工也有同感。所以我们应该留在这里。"

接下来，建筑商委托房地产经纪人买下了这套房子和隔壁的房子，并且将其装饰一新。几年后，他还买下了整座大楼。

这位房地产经纪人之所以能够轻松地说服了建筑商，并不是因为他口灿莲花的说服技巧，而是关键在于他运用了心理擒拿的方式，用心去体会建筑商的真实心理。通过交谈后，他发现建筑商虽然口头上想要换新房子，批评旧房子这里不好那里不好，但是却对它充满了感情。这是他理想中房子的样子，有他喜欢的景色，也见证了他早年创业的艰辛和成功。

于是，房地产经纪人通过提问的方式，巧妙地引导建筑商说出并且正视自己内心的真实想法，同意了他购买这套房子和隔壁房子的意见。

与其说这位房地产经纪人精通说服之术，不如说他善于**了解和掌控他人的心理**，善于从别人的话语和表现中了解他们**真实的想法和意愿**。所以说，在销售过程中，如果你想要轻松地说服他人，就应该学会洞悉客户的内心，并且从心理层面去引导客户看清他们内心真实的想法。

总而言之，不要等客户做决定，也不要催客户做决定，更不要替客户做决定，真正优秀的销售人员，会懂得**帮客户做决定**。

客户拒绝时，换个方法试试

不可否认，在销售人员从事推销的整个流程中，从**接触客户、产品说明、解难答疑、协商条款到确定订单**的每一个环节都会遇到客户拒绝这种现象。对一个推销高手来说，客户拒绝是经常遇到的事情。没有拒绝才是不正常的状况，因为**没有拒绝就没有推销**。

很多时候，面对客户的拒绝，作为销售人员要认真地寻找和分析其中的原因。客户之所以拒绝，有些时候是因为**产品**，有些时候是因为**价格**，有些时候是因为**沟通不畅**，还有些时候是因为客户方面遭遇了**其他不确定因素**。总之，无论客户拒绝的原因是什么，作为销售人员都不要轻易地放弃。我们不妨换条思路去思考，换个方法去试试。

闫森是个建材供货商。他的一个客户在某市开发区承包了一幢写字楼。起初，在闫森的大力公关之下，这项工程的大部分建材都在他这里采购。写字楼工程进行得非常顺利，眼看就要完工了。

可没想到的是，就在距离竣工还有两三个月的时候，意外发生了——施工方表示：写字楼外侧金属工件装饰的采购要更换供货商，原因是之前的供货商所提供的金属装饰材料未达到施工方的要求。

这是一个很严重的问题：工程已经进入了尾声，原本按计划生产的金属装饰件无论设计还是数量都是为客户量身定做的。虽然此事并没有走签合同的流程，但是按照合作惯例，这可是双方都默许的。如果施工方不能如期采购，那就意味着供货商生产的整批产品都要报废。

闫森通过多方面的调查和打探之后发现，虽然施工方表示，不能按时采购他们所生产的商品，但是并非因为表面上所说的质量问题，而是施工方的另一位“大客户”从中作梗，强行推荐了另一家供货商。

客观来说，闫森想要从那位大客户的手中“抢”回这个订单，可能性微乎其微。毕竟，利益对比清清楚楚地摆在那里。但即便如此，闫森依然决定死马当作活马医，还是要亲自和施工方的魏总谈一谈，看一看是否可以说服他改变主意。

在上门拜访前，闫森多方打听了施工方魏总的经历、爱好等信息。闫森得知他是个特别热衷于慈善的人，不仅常常给贫困地区捐款，而且还在当地为失学儿童成立了一个救助基金。了解到这些事情后，闫森的心里便有了主意。

一走进魏总的办公室，闫森的第一句话就是：“终于有幸再次见到您了，魏总！上一次我还是在朝阳小学剪彩的时候在台下看到您的。只是那时候人太多了，没能找到机会和您聊上几句。”

朝阳小学是魏总之前捐款建设的一所山区小学。正式建成的那天魏总的确被邀请去参加剪彩了。

“是吗？我当时没怎么注意，事儿太多了，剪完彩之后还赶着回公司。”魏总一边说着，一边抬起头打量闫森。

闫森笑着说道：“那里是我的老家。当时听说有好心人捐款建了学校，就想着怎么也得去看看，是哪位好心人提前实现了我一直以来的梦想！没想到竟然会是魏总您，真是太令人敬佩了！”

听到闫森这么说，魏总的嘴角浮现了一抹笑容，对闫森也生出了几分亲近感。毕竟大家都是山村里出来打拼的穷孩子，那种心理上产生的亲近感不言而喻。就这样魏总渐渐地打开了话匣子，从自己的家乡讲到自己到城里打拼的艰苦创业史。

魏总所说的这些闫森也深有体会。闫森不时地回应几句，也都说到了魏总的心坎上。两人越聊越高兴，闫森自然而然地把话题从魏总的创业史渐渐地引到了魏总的工程公司。一谈起自己的工程，魏总就更兴奋了，从历年的获奖情况，讲到了自己的企业文化。两个人相谈甚欢，魏总甚至还热情地邀请闫森去参观他的建筑工地。

于是，两人一块儿去参观了工地施工的每一个流程。闫森一边认真地听着魏总的介绍，一边不住地称赞，从设备夸到工人，又对魏总的慈善之心表示了万分的佩服。在整个的参观过程中，闫森一句都没有提及自己此次前来的目的。

参观结束后，魏总热情地邀请闫森一块吃饭。两人在饭桌上越聊越投缘。等吃完饭之后，不等闫森询问供货事宜，魏总就好言好语地笑着对闫森说道："得了，现在饭也吃了，工地也参观了，我们言归正传吧。我知道你这次是为了那批货来的。我也听说了，你们的货物已经加工完成了。

"坦白地跟你说，我们的合作伙伴有一个大客户。他家里人新开了一家加工厂。他原本让我看在合作多年的分上采购他们一批装饰材料。不过我真是没想到，这回跟你见面会这么投缘。不说别的，单就冲着咱俩都是苦孩子，都不容易这一点，我这次就愿意帮你这个忙！你放心，我今天话就撂在这儿了：那批货，我优先用你的。"

闫森就这样轻轻松松地达到了自己的目的，解决了之前的难题。

所有的销售人员都必定要面对被客户拒绝的问题。对于销售人员来说，**推销被拒并不代表失败，而是代表成长。**我们一定要正视拒绝。面对拒绝，销售员要有正确的心态和态度。只有这样我们才能保证自己在销售工作中不被拒绝所困扰。还是那句话，推销被拒绝不是我们销售之路上的包袱，无法面对拒绝才是。而且逃避拒绝，并不会对我们的销售有任何帮助。因此，只有正确地对待拒绝，认真分析被拒的原因，吸取教训，才能不断地提高我们的销售技巧，获得迅速成长。

进行商品分析，激发客户了解欲

好奇心是一种非常有**推动力**的人类天性。在销售工作中，销售人员可以适当地利用人们的好奇心，从而激发客户想要进一步了解产品的欲望。通常来说，一旦客户对产品产生了好奇心，就会主动地进一步了解产品。对于销售人员来说，这正是向客户详细介绍产品的大好时机。因此，在销售产品时利用一些小技巧激发客户的好奇心，也是一项很重要的销售能力。

那么，我们应该采用哪些手段去引起客户好奇心，从而激发客户对产品的了解欲望呢？

首先，要学会**向客户提问**，通过提问吸引客户的注意力。小时候与伙伴做游戏的时候我们就知道，要想获得某人的时间和注意力最简便的方法就是说："猜猜看？"这也是向对方提问题的一个例子。这会使得人们情不自禁地想："那到底是什么？"我们也可以换一种方式，比如对客户说："我能问个问题吗？"其效果也是一样的。你询问的对象一般都会回答："好的。"同时，他们还会自动地设想你会问一些什么问题。这就是人类的天性。

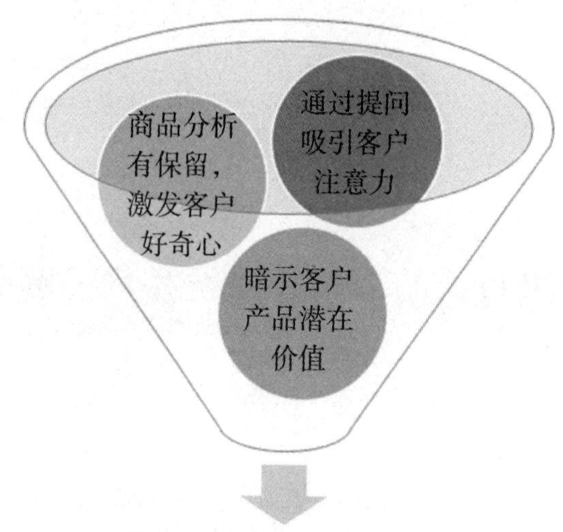

图 8.3 激发客户对产品的了解欲

在向客户介绍产品的时候，无论是在开始吸引客户注意力的时候，还是在向客户介绍产品特性的过程中，都可以利用这个小技巧来让客户主动地了解产品。这样做往往可以起到很好的作用。

其次，我们对客户进行**商品分析**的时候一定要注意：**不要一次告诉客户产品的全部信息。**

有不少销售人员非常勤奋，为了让客户了解到比较全面的产品知识，致力于成为客户面前的百科全书，以便为他们解答一切有关产品的疑问。这无疑是一种好的办法，但并不是聪明的办法。因为他们想的只是如何去满足客户的好奇心，却很少想过要努力激起客户的好奇心。他们的看法是，销售员的价值在于其为客户提供信息。所以他们就不厌其烦地向客户反复陈述**公司的口碑**和**产品的特征**以及能**给客户带来的利益**。这诚然是一种很勤奋的销售方法，也会产生很好的作用，但是我们何不尝试一种更加省力而高效的方法呢?

试想，如果你拜访的客户已经掌握了他想要了解的产品的所有信息，他还有什么理由非得见你不可呢？同样，如果客户在第一次见面中就已经了解了有关产品的所有问题，拥有了自己需要的所有信息，或者从你的陈述中获得了所有的必需信息，就没有必要再进行下一步了。这样的情况往往就意味着，要么第一次见面就搞定订单，要么就没有第二次见面的机会了。这对于销售人员来说，显然不是一件好事情。

当然，也有些销售人员并不赞成这种观点。他们认为这么做会破坏销售的完整性，并影响他们自身的专业形象。这种想法是不够全面的。一般情况下，销售人员第一次与客户交往不可能拥有太多的讲解产品的时间。而且，客户也有自己的事情要处理。销售员只是初次与客户联系，客户未必就会给我们充足的时间把产品详细、完整地介绍一遍。所以事实就是，不管你愿不愿意，你都只能传达产品的部分信息。那么，你是选择提供全部信息满足客户的好奇心，还是只提供部分信息进一步激发客户的好奇心呢?

因此，如果你希望客户能够主动地了解更多的产品信息，那么不要一开始就把产品的所有信息都告诉客户，一定要有所保留。这就意味着，你可以在以后提供产品的更多信息，从而激起客户的好奇心。

还有就是，要学会暗示客户**产品的潜在价值**。

激发客户好奇心的另一个方式就是，在介绍产品的过程中运用暗示的手段，让客户知道产品将会带给他们很大的**价值和收益**，但是并不直接说明这价值和收益具体会是什么情况。这也是一个很有效果的策略。

因为当客户得知产品能够给他带来价值和利益时，他一定想要获得更多的信息，详细地了解产品能够给他带来哪些价值和利益。如果客户开口询问，你就达到了主要目的：成功地引起客户的好奇心，使客户主动邀请你进一步讨论他的需求和你所能提供的产品和解决方案。这种技巧实际上就是利用技巧性的提问，提供部分信息，让客户看到产品价值的冰山一角，从而引起客户更大的好奇心。

例如，我们不妨通过询问的方式来激发客户的好奇心："如果我们的产品能帮助你节约成本 30%，你有兴趣看一次具体的演示吗？""稍微改进一下，你就可以极大地提高投资回报率。你希望我详细说明一下吗？""有客户通过我们的 ERP 系统节省了大量开支，你想知道有多大吗？"事实上，谁不想知道如何省钱、提高产量或投资回报率呢？随便提出上述的哪个问题，客户都会很自然地想要了解更多的情况。这样我们就有了一个愿意给予我们时间和注意力的好奇客户，下一步的产品介绍也就水到渠成了。

同样，我们还可以用这个技巧来确定客户有什么问题，并暗示产品可以帮他解决问题，从而激起他进一步了解产品的欲望。这样的销售技巧如果运用得当，可以让我们的销售工作更加轻松省力。

在销售的过程中，如果销售员能够恰当地运用一些技巧，巧妙地激发客户对于产品以及产品服务的了解欲，激发他们对于产品所带来的潜在价值的期待和渴望，就会大大地减少我们把产品介绍给客户的难度和劳动量。这是因为与其滔滔不绝地给客户大讲产品特性却得不到重视，不如直接告诉客户产品带来的收益会有多么巨大。没有人会拒绝利益，因此，客户自然就会产生进一步了解产品的欲望，我们何乐而不为呢。

面对客户拒绝，不要表现出焦虑

一个合格的销售人员，要学会**隐藏自己的情绪**。销售员在面对客户的时候，无论有着怎样的情绪或者多么繁杂的事务，都要学会用微笑面对客户。因为很多时候，情绪都是会互相感染的。把自己的情绪感染给客户，对于销售活动而言没有任何好处。因此，在客户面前，我们要展现出自己积极的一面，即使被客户拒绝，内心无比焦虑，也不能直接表现出来。这也反映了一个销售人员的修养和智慧。

要知道，一个无论何时何地都能让客户感到轻松愉悦的销售员，才是真正优秀的销售员。那么，我们该如何控制自己的情绪呢？在销售工作中，我们应该如何避免那些有可能影响自己情绪的问题呢？

在每次推销之前，我们一定要放平心态，不能急于求成，要扎扎实实地做好每一步。每一步都做好了，成交也就顺理成章了。从**准备、开场、挖掘需求、推荐说明**一直到成交，这每一步客户都会有拒绝我们产品的理由。但这些拒绝并不会一直都存在。只要我们始终保持乐观的心态，准确地把握客户的需求，为客户做出恰当的解释，那么就能够顺利地解除这些障碍。

在推进销售流程时，很多销售人员往往会犯这样的毛病。每一步他都向客户发出非常强烈的成交信号。在与客户交流时，他每一句话的目的性都特别明显，那就是成交。试想，火候未到，就出锅上菜，那口味能好吗？

我们必须明白：销售活动每一步的结果并不是成交，而是顺利地推进到下一步。如果你这样想，你遇到的拒绝就不会那么多了。

在日常生活中，我们身边有许多急脾气的人。他们做事一向风风火火，推崇数量和效率。但由于急于求成，考虑问题不够仔细，不够周全，很容易出现疏漏和错误，同时，也会给他人造成压力，给别人带来损失甚至伤害。对于销售人员来说，如果过于急躁，也会影响自己的销售业绩。作为销售人员，我们一定要学会心平气和，戒骄戒躁，踏实稳重。

对于销售人员而言，销售工作没有什么捷径。销售员在销售过程中**切记患得患失**，只有保持平和稳重，才能够更加赢得客户的欣赏。正所谓干什么事都得一步一个脚印地走。无论做什么工作，都要明白稳中才能求胜的道理。过于急躁，反而会漏洞百出。即使得到一时的利益，也会对长远的发展造成不良的影响。

在销售工作中，抱有急躁心理的销售人员也很常见。很多销售人员在工作时功利心太强，急于求成，总是希望能够尽快地和客户签单。一旦客户成交的进度慢了一点儿，有的销售人员就开始沉不住气，反复地催促客户。这样不仅容易引起客户的反感，还会对今后的合作产生不好的影响。况且，销售员以这种态度对待客户不仅不正确，而且是不礼貌的。

很多时候，客户之所以没有马上签订合约，也许是有着自己的考虑和安排。作为销售人员，应该学会理解客户，并且耐心地等待。这一方面是对客户的尊敬，另一方面也表现出自己的稳重，同时，也会避免在销售过程中由于急躁而出现不必要的错误。

首先，作为销售人员，我们必须明白，做销售工作需要耐心，不可能一蹴而就。无法控制自己急躁情绪的销售人员，做什么事情都不能做到冷静沉着。他们做事常常缺乏计划性，经常会颠三倒四，手忙脚乱，结果什么也没少做，却什么也没有做成，反而更容易着急上火，形成恶性循环。虽然说做工作需要有紧迫感，不拖拉，不延缓，但也要做到急中有细，快中求稳，按照既定计划一步步地实施，而不是省略过程，直接追求结果。

不仅仅是销售，从为人处世的角度来看，急躁冒进不仅不能成事，而且会误事、坏事，更有可能使人因为急于求成而不得，进而走向消极，甚至灰心绝望。毕竟，在销售过程中，不会每次都那么顺利，遇到困难和遭到客户的拒绝是难免的。如果我们一味地求快，只会事与愿违。

其次，销售人员要学会深藏不露。我们常说，机会是留给有准备的人。在接待客户的时候，我们的个人主观判断不要表现得过于强烈。销售员切忌对客户产生这样的想法和认知，“一看这个客户就知道不会购买”“这个客户太刁难，没诚意”等。这种主观意识太强的判断，将会导致一些客户的流失。比如，导致与意向客户的沟通效果不够好，使得客户购买别人的产品；对客户不够耐心，沟通工作不够细致，没有及时地进行跟踪服务，导致失去客户；等等。还是那句老话，机会只留给有准备的人。

很多时候，我们要学会控制自己的情绪。对于销售工作中的各种状况和突发事件，我们都要做好充分的准备，而且，要做到心中有数，表面上不动声色。只有这样我们才能在大多数时候都不会陷入被动。

面对客户的拒绝，销售人员一定要注意自己的态度，不可以反应过于强烈，而是应该尽量保持平静，冷静地分析事情发生的原因。销售员要告诉自己，被客户拒绝是一件很平常的事情。我们要学会把自己的主观情绪压制下来，不让主观情绪影响自己与客户的沟通。这样不仅能让自己时刻保持冷静，不犯错误，也能让客户体会到销售人员的专业和体贴。只有这样才会有助于我们拉近与客户之间的距离，为最终的成交打下良好的基础。

致命吸引

——突出产品价值，对客户制造致命吸引力

产品对于客户唯一的吸引力不是产品，而是产品所蕴含的价值以及是否能满足客户的需求。这就需要我们具有洞察客户真实想法和需求的能力。只有具备了这样的洞察力，才能够有的放矢，有针对性地向客户展示产品特点，从而激起客户的“购买欲”。

提炼产品价值，看是否符合客户的真实所需

产品本身是具有价值的，只不过价值的多少并不取决于**商场**，也不取决于**产品**本身，而是取决于**客户的真实需求**。我们在推销产品的时候，在帮客户购买产品的时候，能否让客户知道产品的价值、产品是否对客户有价值，就成了非常重要的事情。即便这件产品无所不能，但是如果我们不能将产品满足客户需求的价值传达给客户，也是没有任何意义的。所以我们想要更好地帮客户购买产品，那就必须要提炼产品的价值。

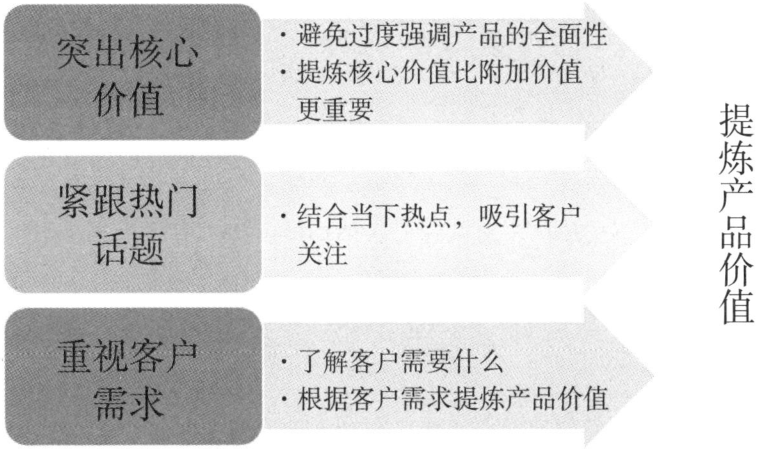

图9.1　提炼产品价值

那么，提炼产品的价值有哪些窍门呢？

1. 不要过度强调产品的全面性。

术业有专攻，这句话虽然不是绝对的金科玉律，但也是符合大部分人认知的。一件产品拥有的功能越多，那么其单项功能就越是不够强大。如果这项产品的功能真的非常全面，并且每一项功能都非常强大，那么这款产品的价格一定贵得非常惊人。我们在提炼产品价值的时候，需要提炼的是**核心价值**。至于其他的附加价值，让客户知道有就可以了。

2. 提炼产品价值，要针对当下的热门话题。

蹭热点是不少新媒体为了增加流量的做法。我们在为产品做价值提炼的时候，也可以蹭热点。一件产品能有多少功能，能有多少价值呢？其实，一件产品的作用往往是非常多的。想办法与当下的热点相结合，就能够**提高客户的关注度**。

3. 提炼产品价值，关键点不在于产品能做什么，而是**客户要用产品做什么**。

人们很在乎产品能做什么吗？看似非常在意，但其实并没有。在过去，一套组合式音响价格不菲，是身份和面子的象征。但是其中 90% 的功能很多人并没有使用过。如今的手机也是一样，有许多功能。我们往往喜欢购买功能最齐全的手机。但是在实际使用的时候，有许多功能在手机寿命抵达终点时也只用过一两次。因此，产品究竟能做多少事情，这不是客户最在意的。而客户要用产品做什么，这才是最重要的。

二战期间，美国工业飞速发展，钢铁、煤炭、橡胶成为美国最需要的物资。而且由于战争的爆发，美国没有办法像以前那样从国外获得大量的橡胶，只好尝试着研发人工合成橡胶作为替代品。

接下这个重担的是通用公司。经过大量的研究，通用公司获得了一种新产品。这种新产品具有耐腐蚀、耐高温、耐氧化等特点，但是没有弹性，并不能代替橡胶。

眼看自己辛辛苦苦地研究出来的产品没有任何价值，负责这项工程的工程师很不服气。他带着自己的新产品离开了通用公司，开了一家壁纸清洁剂公司。他认为，自己的这项发明没有弹性，但具有良好的延展性和黏性，用来清洁壁纸应该不错。结果，新产品走上市场以后并没有打开销路。

就在这家公司要倒闭的时候，一家玩具公司发现了这项新发明的用途：很多孩子在圣诞节的时候利用壁纸清洁剂做挂在圣诞树上的装饰品。根据玩具公司的实验，这个产品具有非常好的可塑性，绝对是上好的玩具。于是，玩具公司收购了这项发明，并且将其称之为橡皮泥。

产品有价值，客户才会购买。而产品价值的体现，就是能否满足客户的需求。想让客户对产品产生购买欲，那就要学会提炼产品价值，让客户知道这是他想要的产品。

塑造产品价值，帮助客户形成正面认知

产品只有在客户有需求的时候才有价值。如果客户不了解产品，对产品没有认知，也就对产品没有需求。那么，产品就没有价值。这听起来似乎有些矛盾，然而事实就是这样。我们想让客户对产品有更好的认知，让客户对我们的产品产生需求，那么我们产品的价值也会水涨船高。

我们想在客户没有需求的时候提升产品的价值，就要帮助客户形成对产品的正面认知。首先，我们必须提升产品的附加值，让那些还没有产生需求的客户也对我们的产品产生兴趣，或者让在某一天产生需求的客户第一个想到我们的产品。那么，我们如何塑造产品价值，提升产品的附加值呢？

提升产品的附加值是多方面的，最重要的就是**产品的名气和品牌的名气**。一家历史悠久、有着诸多优秀产品的公司，一个响亮的、路人皆知的品牌，当这家公司有新产品面世的时候，马上就会引起众多的议论，人气从一开始就在一个高点。例如，苹果公司出了新产品，不管是什么，人们都会在潜意识中觉得这款产品的设计和做工一定是顶级的。这就是源于苹果公司给人们留下的一贯印象。

图 9.2　品牌知名度增加品牌附加值

我们想要提升产品的价值，塑造产品的价值，那就必须从品牌开始入手。品牌有哪些坎坷的历史，在发展过程中有着怎样的传奇故事，品牌创始人有哪些奇闻趣事，公司对于产品有着怎样的要求，产品研发团队又有怎样的性格……这些内容都能够为产品增加一些别样的色彩，都能让人觉得你的品牌是有内涵的。如果你的品牌什么都没有，那么难免会人让觉得产品过于普通，或者让人觉得缺少格调和品位。

提升产品的价值，还要从产品的**包装**着手。这听起来似乎有点儿荒谬。包装本身并没有什么实用价值，而客户本身对包装也没有具体需求。为什么包装能够提升产品的价值呢？其实，客户在购买产品的时候，除了产品本身之外，更重要的是一种舒心的感觉。

产品的包装能够极大地提升客户对产品定位的观感。一件产品的包装如果很简陋，设计上很不用心，那么客户就会觉得这件产品本身的定位就不高。这样的产品想要得到用户的欢迎，那就必须要有过硬的口碑和性能，并且慢慢地提升人气。

众多大品牌在产品包装的设计上都颇为用心。即便是产品本身定位并不高，也要让购买的客户产生这款产品是真的用心制作的感觉。比如，小米手机最开始的牛皮纸盒包装，虽然没有什么鲜艳的色彩，但却向客户传递出了“我们的产品质量非常扎实”的信息。

一些知名品牌的服装、鞋帽，包装更是非常用心，有些甚至可以用艺术品来形容。当客户看见包装的时候，即便产品价格稍贵，也会产生物有所值的感觉。

客户需要的是产品价值，而除了产品本身的价值外，我们只有为产品增添新的价值，才能让客户重视我们的产品，才能让我们的产品在众多的同类产品中脱颖而出。

借助完美产品体验，给客户十分美妙的感觉

产品体验是帮客户确认需求非常重要的一环。实践出真知，任凭销售人员说得天花乱坠，也不如客户亲自体验来得效果好。我们想要让客户确认自己是否需要产品，那就不要吝惜，让客户亲自体验一下产品。

提到产品体验，就不得不提苹果公司。苹果公司是将体验产品与销售产品相结合做得最成功的公司。不少大品牌在企业辉煌的时候都曾设立过

体验店。例如索尼公司，在中国就曾开设过体验店，展示索尼旗下的各种高新产品。可惜，索尼并没有将展示与销售很好地结合起来，所以在索尼的鼎盛时期结束以后，体验店就关闭了。

而苹果公司则不同，苹果公司将体验与销售更好地结合了起来，让客户在体验过产品以后，能够第一时间购买产品。除了体验店之外，苹果手机也是赢在了体验上。智能手机刚刚兴起的时候，苹果就占据了领先地位。苹果和安卓一直各有优劣，对于选择安卓手机的人来说，理由多种多样。安卓手机有着更多的自定义设置，有着更多的玩法，有更多的免费资源。但是苹果的用户往往就是因为看重产品体验这一点，苹果手机单凭丝滑流畅的体验就是当时的安卓手机无法相提并论的。

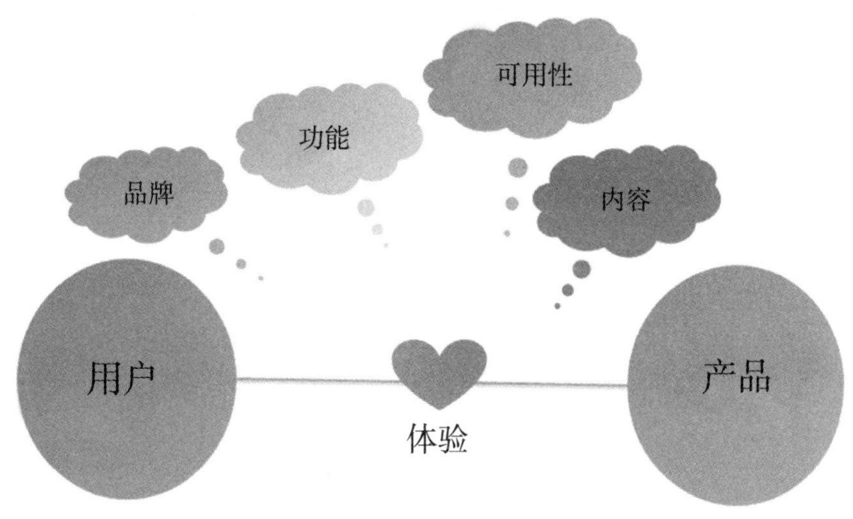

图 9.3 产品体验的内容要素

让客户亲自体验产品，是有着非常多的好处的。

首先，体验代表着安心。销售员将产品夸得越好，客户在正式体验之前就越是担心，要是产品不如销售员说得那么好该怎么办。而客户体验了以后，就能知道销售员说的是真是假，就能知道自己买的产品是否物有所值。

其次，体验能检测产品是否适合自己。鞋子合不合脚只有自己知道，这与产品的好坏无关，只跟双方的相性有关。方形榫子放不进圆孔，如果不合适，再好的产品也没用。只有自己亲自尝试，亲自体验，客户才能确定这件产品是否适合自己。有些时候即便销售员没有重点介绍产品的功能和优点，如果客户在体验后觉得产品很适合自己，也会产生购买的欲望。

最后，体验产品能让客户畅想未来。客户想要购买产品，那就说明这件产品在未来的一段时间里对客户是有作用的。那么，这件产品究竟能为客户带来什么呢？那就要客户亲自体验过后才知道。客户在没有体验产品之前无法了解产品究竟能对自己的生活产生怎样的影响，而一旦体验了，往往会产生一种欲罢不能的感觉。

著名的销售大师乔·吉拉德能够连年创下吉尼斯世界纪录的原因就是因为他在那个年代就已经非常重视用户体验了。他非常鼓励客户坐进车里，亲自体验一下驾驶和乘坐新车的感觉，让客户想象一下开着新车的场景。很多客户原本还没有下定决心购买汽车，但是在体验以后，就难以割舍这种感觉，难以接受失去新车的感觉。

体验产品，能够加深客户对产品的认识，能够增加产品在客户心目中的价值。想要让摇摆不定的客户下定决心购买产品，那就给客户一个完美的体验吧。

识别客户购买心理，激发客户购买欲望

虽然从心理学方面用各种各样的方法将人们进行归类，但实际上每一种归类都不是非常准确的。我们面对的客户也是这样。每个客户都有自己独特的购买心理，拥有不同的需求。因此，销售员想要激发客户的购买动机，那就必须识别客户的购买心理，了解客户想要什么样的产品，又是出于怎样的目的购买产品。

我们按照客户对产品不同的需求，大致可以将客户的购买心理分成以下几种。

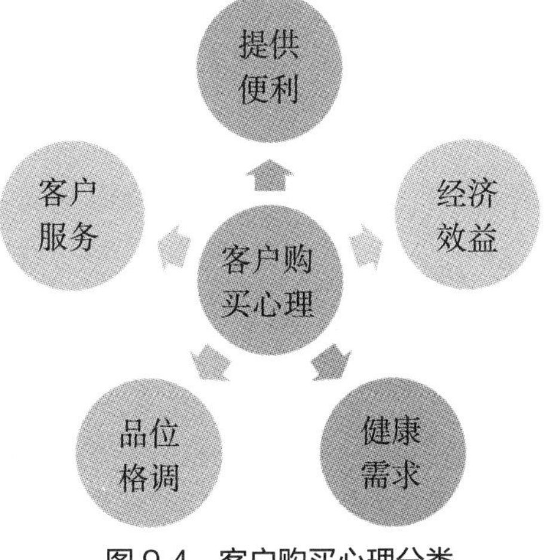

图 9.4　客户购买心理分类

第一，产品能为客户提供便利。

一款能够为客户提供便利的产品可以让客户的生活变得轻松很多，能够减少很多的麻烦，节省大量的时间。很多客户是有着便利性需求的。他们喜欢一些能让生活变得简单的产品，当然，也要产品本身使用起来比较便利。

第二，有经济效益。

很多时候，客户购买后要将产品用于再生产。也就是说，客户需要能够帮自己赚钱的产品。一旦客户知道这款产品能够为他带来更多的经济效益时，那就会产生更强烈的购买欲。

第三，能避免危险，保证健康。

如今越来越多的人开始注重健康安全，并且非常注重养生和保健。于是，针对此类人群的产品也在逐渐增多。的确，健康和生命是人类最宝贵的财富。特别是老人和小孩，前者希望自己余下的时间能够活得健康，而小孩未来的人生还长，一切都需要有健康的身体作为基础。

第四，品位与格调。

一件产品除了使用价值外，还有很高的附加价值。这件产品是什么品牌的，这件产品是否是限量的，这件产品是否是跟其他品牌联名的……这些都能影响客户购买产品的欲望。

第五，销售员提供的服务对客户购买欲的影响也是非常巨大的。

如今越来越多的客户对产品有一站式服务的要求，从购前咨询、运输、安装再到售后服务，这些都影响着客户是否会购买产品。没有人喜欢除了付钱之外的环节都需要自己全面负责，这不仅浪费时间，更浪费精力。现代人的时间和精力都是非常宝贵的。一款产品如果能够有非常完善的服务，那么客户会更加愿意购买。

当我们知晓了客户的购买心理以后，激发客户的购买动机就容易了很多。只要做到对症下药，对具有这种购买心理的客户推荐对应的产品，或者为客户推荐那些功能涵盖范围比较广的产品。只要产品能满足客户的购买心理，就能够成交。

针对客户真实需求，给予最优购买方案

如今的购物和过去的购物已经大不一样了，除了产品本身之外，客户还会有其他方面的要求。一件产品，不能完全解决问题。我们要针对客户的真实需求，给客户提供最佳的购买方案。只有这样客户才愿意购买我们的产品。

那么，客户在购买产品的时候需要怎样的购买方案呢？简单来说，可以分为以下几种。

1.需要几种产品搭配来达到最好的使用效果。

很多产品虽然可以单独使用，但想要获得更好的体验，则需要搭配其他的产品。特别是在护肤品、化妆品这一领域，几种产品互相搭配是极其

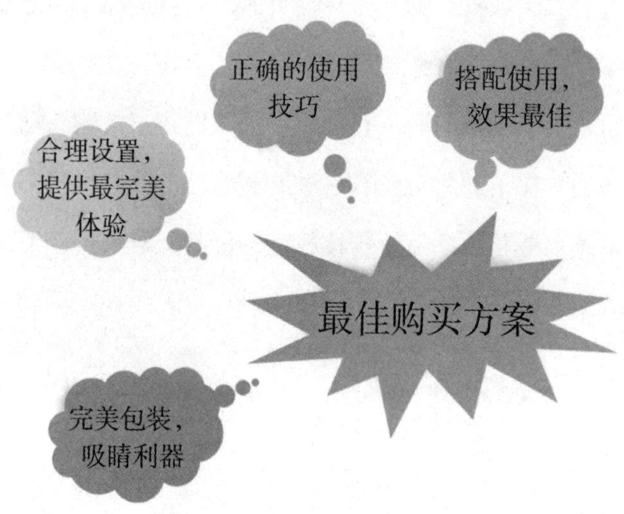

图 9.5　购买方案分类

常见的。**客户的真实需求，并不仅仅是为了产品，而是为了解决问题。**那么，我们就要给客户推荐最实用的产品搭配，为客户一次解决问题。

2. 产品是解决问题的方法，但是需要一定的操作。

客户想要解决问题，需要用到产品，但是产品对于使用者是有一定要求的。那么，除了产品之外，我们还要给客户介绍或者附赠一些解决客户需求问题的技巧。例如，客户想要自己做烘焙，想要自己烤制糕点，于是购买了烤箱。只有烤箱就能解决问题吗？显然是不能的。再好的烤箱如果没有正确的烘焙方式，也制作不出好吃的糕点。但是如果我们能为客户送上一份烘焙食谱，那么就能帮助客户解决实际问题。

3. 产品需要一定的设置才能够解决问题。

这是非常常见的情况，并不是每个人都有极强的动手能力，而且也不具备齐全的工具。因此，想要让产品充分地发挥作用，并不是一件十分容易的事情。比如，初次购买电脑的人，对于如何连接线路，如何设置，都不是很了解。电脑销售员要在这方面为客户提供帮助，为客户设置好程序和功能，电脑才能完全发挥作用。购买壁挂式电视机的人，当电视机厂商不提供支架，不提供安装服务的时候，销售人员如果能为客户提供安装服务，提供支架等必需品，即便是加一点儿服务费和材料费，客户也是十分愿意的。

4. 产品需要一定的包装才能让客户满意。

客户购买产品，未必都是自己使用，也有可能将其当成馈赠亲朋好友的礼品，或者送给他人以示谢意。这时，产品的外包装就变得非常重要。送礼品，除了产品本身的价值外，更重要的是产品所包含的心意。再珍贵的产品如果包装方面让人不满意，让人有不用心的感觉，那么这件礼品就是白送了。针对客户的这种需求，我们要为产品提供合适的包装，让客户满意。

客户在购买产品的时候，想要购买的不是产品本身，而是需要产品完成什么使命，完成什么任务。有些时候产品是非常重要的一部分，甚至是起决定作用的一部分，但是如果没有其他方面的辅助也是不行的。我们要让客户满意，要解决客户的问题，除了产品之外，还要提供一些其他能帮助客户、能满足客户需求的附加服务或价值。

让客户占便宜，你才能够有赚头

销售人员是连接厂商与客户的中间人，既要让厂商更快地将产品销售出去，也要帮客户买到合适的产品。但是想要让客户获得更好的服务，难免就要损害厂商的利益。而一味地维护厂商的利益，又难以让客户满意。这中间要如何取舍，就成为不少销售员头疼的问题。其实问题没有那么复杂，有些时候让客户占点儿便宜，你才能赚得更多。

让客户占便宜，还能赚得更多。这听起来是个悖论，但操作起来却非常容易。客户有了需求，但是不具备专业知识。这个时候就是销售人员为客户提供帮助的时候，就是销售人员让客户占便宜的时候。那么，哪些时候能够让客户省钱呢？

客户身上出现的最常见的问题是产品性能溢出的问题。我们之前说过，客户购买产品是为了解决问题。那么当客户缺少专业知识的情况下，并不知道自己需要的产品是什么样的。为了保证只花一次钱，为了问题能够顺利地解决，客户宁愿多花一点儿钱购买那些能够保证解决问题的产品。而这个时候，客户选择的产品性能往往是溢出的。

只要销售人员能够为客户挑选性能合适的产品，减少客户的支出，让客户占了便宜，那么就能够赢得客户的好感。

北方某大学附近有一家餐馆，颇受附近学生的青睐。除了菜品味道好之外，店主的为人也是学生们赞不绝口的。许多南方的学生初次来到这家餐馆吃饭，出于习惯总是会点上好几道菜。店主总是善意地提醒他们说："不要点这么多，你们吃不完的。"开始时还有人不信，直到上菜的时候看见惊人的菜量，才相信店主说的是真的。店主总是为学生们着想，学生们也乐于捧店主的场。久而久之，这家不大的店面名声在外，客户络绎不绝。

除了产品性能问题外，销售员还能够帮客户解决性价比的问题。很多客户在购买产品的时候，由于对产品本身不了解，盲目地购买贵的产品。贵的产品的确有贵的道理，但是未必都贵在使用体验上。很多产品的价格高昂是因为有着**良好的品牌底蕴、出色的外观设计**以及**明星代言的加成**。的确有一些性能卓越而且非常昂贵的产品，但这种情况下，性能好上20%，价格可能要翻个两倍都不止。

很多客户并不知道如何选择性价比最高的产品，也不是所有客户的经济条件都能做到盲选最贵的、性价比最高的产品。如果销售员能够为客户推荐在一定价格范围内**性价比**最高的产品，那么势必能够得到客户的信任。

帮客户占便宜，就能让我们赚钱，这不是一句假话。帮客户推荐最合适的产品，首先销售员要具备专业的产品知识和服务水平。这里的合适说的不只是下限，还有上限。如果客户选择了**过于昂贵**的产品、**性价比较低**

的产品、**性能溢出**的产品，那么销售员就能利用自己的专业知识为客户选择**更加合适**的产品，从而避免了客户在经济上的过度支出，帮助客户减少浪费。这样做，既能满足客户占便宜的需求，又能让销售员得到客户的青睐，销售更多的产品。这就是销售员存在的意义，帮客户购买产品，实现双赢。

把握自己的核心点，PK 掉对手的进犯

商场如战场，每年都有大量的新产品、新品牌、新公司面世，但是能够屹立不倒的却少之又少。那些追赶热度、追赶大潮的产品往往在红火一阵后就销声匿迹了。同类厂商互相碾压，众多厂商中只有寥寥几家能够存活下来。造成这种情况的根本原因不仅是因为市场环境的变化，更是因为这些消失的厂商的产品缺少**核心竞争力**。

在产品竞争中，核心竞争力才是最重要的。那些全能产品看似强大无比，但是在实际的市场竞争中远远不如那些拥有核心竞争力的产品销量多。很多人错误地认为木桶理论可以解释一切问题，认为产品的质量最终取决于最短的那块板。且不说我们的产品是否是个木桶，当其中的几块木板特别长的时候，我们就完全可以将木桶向长的部分倾斜，让木桶可以装

更多的水。

这就意味着我们的产品不一定要做到面面俱到，只要**在某个方面做到非常突出**，就可以击败我们的竞争对手，立于不败之地。那么，作为一名销售员，在进行宣传的时候也要**突出产品的核心竞争力**，才能保证客户的选择朝着我们的产品倾斜。

想要突显产品的核心竞争力，击败所有的竞争对手，赢得客户，就要知道核心竞争力都涉及哪些问题。

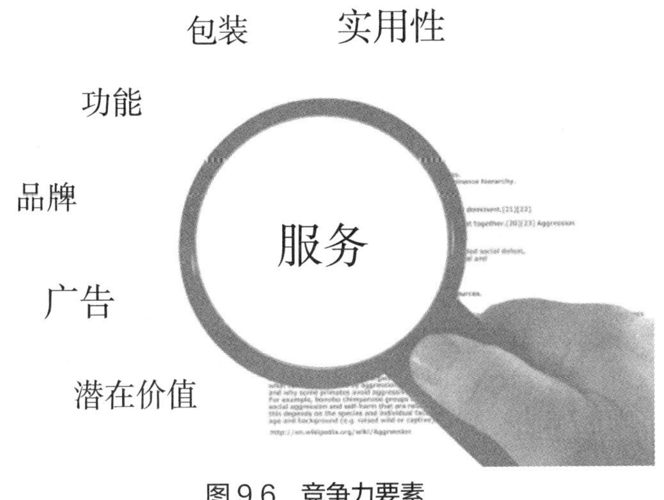

图 9.6　竞争力要素

最能成为产品核心竞争力的，也是推荐产品时要重点讲述的内容，那就是我们**产品当中不可替代的部分**。

不是任何产品都有不可替代的部分。我们经常说，B 款产品是 A 款产品的下位替代品，就是这么一回事。如果我们的产品没有**不可替代的性能**，没有**其他产品无法超越的优势**，那么即便当下客户正在使用我们的产品，以后也未必会继续使用我们的产品。当客户有了一定的条件以后，就会投向那些上位产品的怀抱。

核心竞争力还体现在服务方面。在服务方面，尽管每个企业都有自己的一套规章制度，但是在不违反规章制度的情况下，我们仍然有办法**为客户提供其他竞争对手无法提供的一些东西**。甚至可以针对竞争对手没有做好、不肯去做的方面，进行重点打击。

朝阳小区外有两个不同公司的快递网点。最初的时候两个快递网点平分秋色。后来其中一个快递公司的客户数量明显地超过了另一个。这是什么原因呢？其实非常简单，这家公司负责该小区的快递小哥和小区保安搞好了关系，保安允许他进入小区收发快递，并且帮他看车。这样一来，快递小哥就能进入小区，把快递直接送到客户手上和上门收取快递。由于该快递公司提供的上门服务极大地方便了客户，因此获得了更多的订单。

拥有一个核心点，就能够击败竞争对手，那么拥有十个呢？显然就能变得更好。不过，真的需要拥有十个吗？或者是条件允许拥有十个吗？这才是销售人员要面对的真正问题。

我们手上的资源、时间、精力有限。我们想要把每一件事情都做到最好，这是不可能的。与其将资源平均地分配到所有方向，每个方向都是平均水平，不如朝着一个方向努力，形成任何人都无法超越的核心竞争力。只有这样，我们的产品才能在市场竞争中取胜。

完美成交

——当客户无法做出购买决定时，我们就是最佳帮手

统计显示，向一个新客户推销新产品的成功率是15%，而对于一个老客户而言差不多能达到50%，60%的新客户来自现有客户的推荐。从数据上来看，销售不是一件容易的事情。这就更需要珍惜和维护好老客户。销售是一个循序渐进、持之以恒的过程。销售员与客户就像夫妻过日子一样，需要花大量的时间和精力慢慢地去培养感情。双方感情的建立，靠得是相互理解、信任和持续地付出……

我们帮客户购买的，一定是他最需要的产品

销售人员的职责不是将产品推销给客户，而是帮助客户购买产品。显然，在这个过程中，销售人员的意见不是最重要的。**客户想要什么，才是问题的关键**。不管我们推荐的产品有多好，有多合适，如果不能让客户觉得自己需要，那么就不可能成功。

客户需要一款产品，也是有动机的。这种**购买动机可以分成两种，一种是为了追求快乐，另一种是为了逃避痛苦**。两者看似如同阴阳两面，是对等的。实际上两者在购买产品时的关系更像是太阳和月亮，看似对等，但太阳比月亮重要得多。

客户的购买动机也是如此。如果一位客户购买产品的动机是**追求快乐**，那么成交的概率就会小上很多。而如果客户的购买动机是逃避痛苦，那么成交就会容易很多。

例如，一位客户想购买手机。如果他的手机是去年的旗舰款，那么他购买手机的动机应该是追求快乐。旧手机本身对他的使用不会有太多的影响。他购买新手机的原因就是想要更新、更好的。如果客户用的是几年前

的手机，或者有故障的手机，那么他的购买动机显然就是逃避痛苦了。如果他再不更换新的手机，那么旧手机的不便利就会一直对他造成困扰。

我们在帮客户购买产品的时候，一定要抓住客户的购买动机，并且结合产品的核心竞争力为客户制订服务计划。只有这样才能为客户提供他最想要的、最需要的产品。

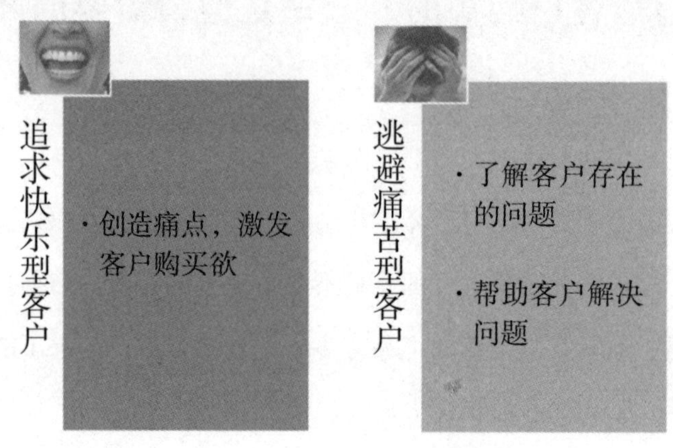

图 10.1　客户分类和对策

对于那些想要逃避痛苦的客户，销售员想帮他们买到最需要的产品并不困难，唯一要掌握的就是解决客户的问题。**客户的生活出了什么问题，为什么需要这件产品，是否有比这一件更合适的产品。**当你弄清了这几件事情以后，就非常容易了。

对于那些想要逃避痛苦的客户，让他们亲自体验产品，再做出购买选择，往往不是最好的办法，因为他们现在已经饱受困扰了。这时，在他们看来，只要能减轻自己痛苦的东西都是好的。虽然客户在这种情况下购买的产品能够在一定程度上解决问题，但未必就是最合适的。

销售员面对这种客户时，不要操之过急。你可以让客户慢慢地了解所有能帮助客户解决问题的产品，让客户冷静下来以后再做出购买哪种产品的选择。只有这样才能帮客户找到最合适的产品。

然而，对于追求快乐的客户，想帮他购买最需要的产品就很困难了。因为这种客户本身就没有那么强烈的购买欲，没有那么强烈的需求。如果我们想帮这种客户找到最合适的产品，特别是在客户对自己的现状非常满意的情况下，我们只能想办法为客户创造一些痛点。

新产品与老产品相比，必然有其更好、更新的地方。但是如果我们的产品具有无可替代的核心竞争力那就更好了。比如，客户现在没有的东西，或者产品无法替代的功能，我们可以在这上面做文章，让客户觉得新产品的某些功能是无法替代的，而且缺少了它就会很痛苦。只有这样才能让客户真正产生对产品的需求。

客户是否需要产品，需要什么样的产品，归根结底是客户自己说了算。**我们只能想办法加深客户对产品的需求感，让客户找到最满意的产品。**

成交只是一刹那，但我们要为刹那做足准备

成交是销售活动当中最重要的环节。成交之前所有的销售活动都是在

为成交做准备工作。成交后所有的售后服务也不是可有可无的环节，而是在为下一次成交打好基础。但是这同样是销售人员最容易忽视的环节。往往在一笔订单成交以后，销售人员就不再为这笔交易忙碌了。

的确，成交是销售行为的最终目的，是销售人员工作的动力。但是成交的那个瞬间也是非常重要的。**成交的瞬间决定了你是否能拥有一位长期客户，当前成交的客户能否为你带来更多的客户**。所以我们既要准备促成交易，又要准备从这个成交的瞬间走向下一次成交。

那么，我们需要做好哪些准备工作呢？

首先，要准备让客户信服我们的服务和产品质量。说服客户下定决心购买我们的产品是整个流程中最困难的一环。每个客户都有防人之心。他们不会轻易地相信一个打算掏走他们口袋里钱的人。你要让客户知道，这件产品能够给客户带来好处，是客户真正需要的，是物有所值的。

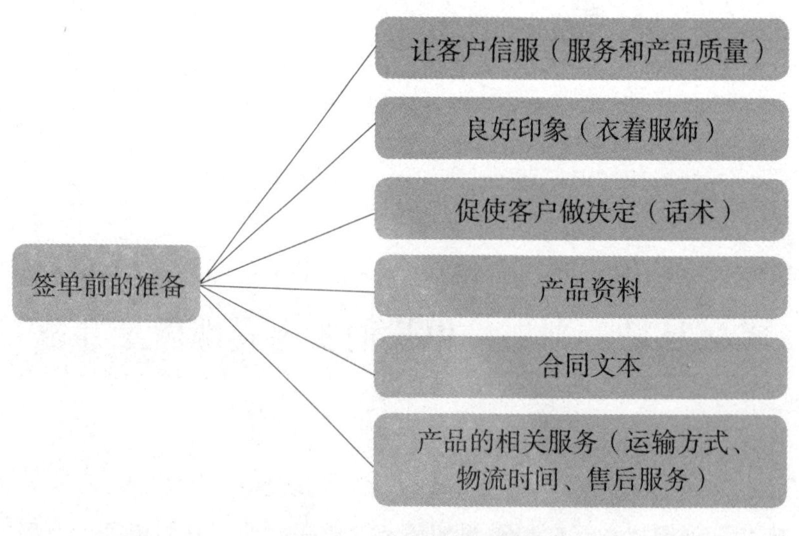

图 10.2　签单前的准备

那么，我们为了成交，就需要做好充分的准备工作。比如，能让客户对我们产生良好印象的衣着服饰，让客户做出购买决定的话术，让客户了解产品的详细资料。销售员对于这些方面必须准备齐全。因为帮客户购买产品时，客户不会给你充足的时间，让你一边准备资料，一边为客户介绍产品。而且，如果客户当时的心态不错，你们聊得也很愉快，结果却因为没有万全的准备，只能下次再说服客户，那就浪费了一次大好机会。但是下次与客户洽谈时，你是否还有如此好的条件和运气就不一定了。

其次，保证客户满意就能马上成交，不要将签单环节留到下一次见面时。天有不测风云，人有旦夕祸福。当前客户有了成交的想法，如果你没有做好万全的准备，没能马上签单，那么，下次见面是否能够成交始终存在变数。

很多销售人员都碰见过这样的状况。当时和客户一切条款都谈好了，就是因为准备不足，没有马上签订单。结果当晚，或者第二天，客户打来电话，说自己改变主意了。为了避免这种情况的出现，我们一定要做好充足的准备。

销售员身上常备合同是最基本的常识。客户说要签订单，你却没有准备合同，怎么签单呢？或者你让客户先交纳少量的定金，这样也能避免客户在决定取消交易的时候你一无所获。

同时，与产品相关的服务也是非常重要的。产品采用哪种运输方式，物流大约需要多长时间，售后服务有哪些内容，这些都应该是销售人员在拜见客户前要准备好的资料和信息。如果客户问到这些问题，你说要回去跟领导确认一下，那还怎么成交？

另外，**良好的服务态度**是你能够**持续成交**的保证。胜不骄，败不馁，这是一支军队拥有的良好作风。我们销售员也要做到这一点。成交的一刻固然令人欣喜，但是你不能表现得过于得意。因为你表现得越是得意，客户就觉得你从他身上赚到的钱越多。那么，下一次客户还会在你这里购买产品吗?

面对成交，我们要做到不骄不躁，不卑不亢，不可以表现得过度欢喜，但也不能满脸严肃。如果能够处理好这次成交，那么现在就是下一次成交的开始。你在成交时刻的表现会给客户留下非常深刻的印象。有不少的销售人员在签单以后也能跟客户保持紧密的联系，甚至成为朋友，这就是因为他在成交时刻的良好表现给客户留下了深刻的印象。

如果销售员跟客户建立了良好的关系，那么想拥有下一次成交就变得容易很多。

成交只是一刹那的事情，但是这个刹那决定了我们之前所做的计划、努力，甚至自身多年的学习是否能够获得回报。这个刹那能够决定的事情太多。因此，为了这个激动人心的决定性时刻，我们无论花多少的时间，做多少准备，都不为过。

启发客户好奇心，引导他关注你的产品

人人都有好奇心，只是针对的领域不同而已。如果我们想帮客户购买

产品，促使客户做出签单的决定，那么激发客户的好奇心无疑是一种非常好的选择。

当客户受到好奇心的驱使，开始关注我们的产品时，就能够更全面地了解我们的产品。我们的产品是好是坏，有着怎样独到的特点，当客户了解这些以后，甚至会对我们的产品产生一种亲切感。这种感觉将会促使客户对我们的产品产生购买欲。

启发客户的好奇心要从多方面着手，仅仅围绕产品本身来做工作是不全面的，也是很难奏效的。启发客户的好奇心，最好是从我们的品牌着手。

例如，我们想约朋友去看电影，那是一部皮克斯动画工作室制作的动画电影。而这位朋友是真人电影的拥护者，对动画电影完全不感冒。此时，我们要怎么做呢？从动画片本身入手是非常困难的，因为我们要说服的人对动画电影本身毫无兴趣。那么，我们可以从这个公司入手，从品牌入手。

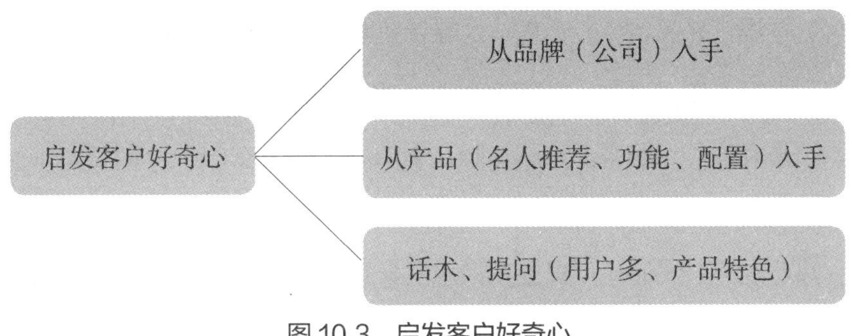

图 10.3　启发客户好奇心

我们可以告诉朋友，皮克斯动画工作室和如今的苹果公司有着千丝万缕的联系。没有苹果公司最伟大的领袖史蒂夫·乔布斯，也就不会有今天的皮克斯动画工作室。说到这里，相信大多数人都会产生很大的好奇心。

电子产品巨头苹果公司的领袖，怎么会跟一家动画工作室扯上关系呢？

既然产生了好奇心，那么想说服对方接受你的意见，去看看当年乔布斯手下动画工作室的作品究竟是个什么样子就容易了很多。

既要启发客户的好奇心，产品本身又不能有神秘感。这一条听起来似乎有些怪异。这是为什么呢？因为销售行业具有一定的特殊性。当我们销售产品的时候，必须确定产品本身是否适合客户，客户是否真的需要产品。一旦客户对我们的产品有不了解的部分，那么客户心中始终缺少一种安全感与稳定感。这个时候，客户就会选择自己去掀开产品神秘的面纱，然后再决定是否购买。

我们要让客户产生好奇心，却不能直接从产品本身入手，只能**围绕产品做文章**。当年，俄罗斯总统普京访华的时候，曾将一款手机作为国礼。这就大大地引起了人们的好奇心。这款被当作国礼的手机到底有哪些特色？在接下来的一段日子里，这款手机从外观造型到功能配置被各大媒体逐一进行了详细报道。虽然这款手机功能并不是最强大的，但是即便如此，还是有许多人购买了这款品牌并不是那么响亮的手机。毫无疑问，这是一次非常成功的营销。

除此之外，我们还可以使用话术**引导客户对产品产生好奇心**。人人都有从众心理，那么一款已经拥有众多用户的产品，自然就会引起客户的好奇心。这款产品为什么有这么多人用？这款产品究竟好在什么地方，与其他同类产品有什么区别？这些疑问都能让客户在得到答案之前给你大量的机会去说服他。

利用**提问**也可以引起客户的好奇心。很多客户原本对产品没有什么好奇心，但是当你提出一个问题，而他又想不出答案的时候，就会千方百计地去寻找答案。

人为地创造一个客户想要了解的东西，来启发客户的好奇心，这是最简单的做法，但也是最需要认真准备的做法。你需要针对不同的客户去设置问题，而且，你提出的问题要抓住客户感兴趣的内容，前提是一定要对产品有全面透彻的了解才能找到正确的答案。如果这个问题的答案客户只需要依靠逻辑思考就能得出的话，你的提问就毫无意义了。

投其所好，为成交加点儿鲜美调味料

成交是我们销售工作的终极环节，对于客户来说同样如此。当客户下定决心购买产品的时候，就说明客户要为这件产品买单。所以不仅销售人员非常重视成交，客户更加重视成交。这就导致了在成交时刻，很多客户都会变得犹豫不决，难以做出最后的决定。

作为销售员，自然不愿意看到客户摇摆不定。一旦签单，销售员之前的努力就有了成效。一旦客户放弃购买产品，那么之前销售员的一切努力就付诸东流了。在客户摇摆不定的时候，我们只要投其所好，为成交再加上一点儿鲜美的调味料，就能促使客户原本摇摆不定的天平朝着成交的方向倾斜。

当然，调味料不能加得太多。因为添加调味料会无形中提高我们的成本，甚至有些时候会让产品显得格外廉价。所以我们在添加调味料的时候，要注意添加的调味料类别和数量。销售员只需要让客户的天平朝着成交的方向倾斜就好，不能直接将天平压垮。以下几种调味料，能够帮助我们提高成交率。

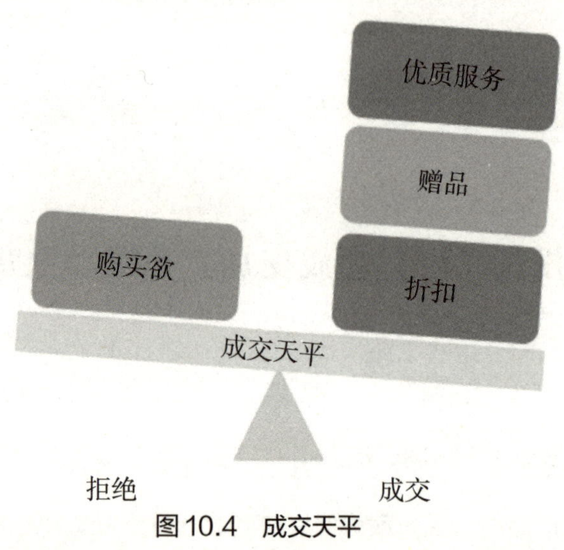

图 10.4　成交天平

1. 折扣

最能让客户犹豫不决的始终是产品的**价格、性价比**。如果客户对产品的功能和自己的需求有所质疑，那么提高产品的性价比同样能起到让客户的天平朝成交方向倾斜的作用。

降低价格主要是降低产品对客户的风险。试想一下，如果你花了 10

元钱购买一件产品，你只能确定自己当前需要，并不能确定日后仍然需要。那么，10 元这个价格可能刚好处于一个临界点。这个时候，如果销售员告诉你，我们的产品正在做活动，只要花 8 元就可以购买，那么如果有一天你不再使用这款产品了，损失就不是 10 元，而是 8 元。虽然仍有损失，但是少损失一些总归要好一点儿。你之前摇摆不定的态度，往往就会因为一些折扣而逐渐变得坚定起来，进而买下产品。

2. 赠品

赠品同样能够提高产品的性价比。但是赠品与折扣的概念和对于客户的意义是完全不同的。**折扣是让产品变得更便宜，而赠品则是让产品看起来更加值得。**

这两种方式针对的客户也不一样。那些比较担心，且因为自己的问题而摇摆不定的客户，需要销售员用折扣来帮助客户安心，让客户有一种减少损失的感觉。而赠品则能让产品看起来更好。很多赠品能够让产品使用起来更加方便，甚至产品与赠品组合使用能达到意想不到的效果。当客户觉得产品不够完美，不够出色，因此不能下定决心购买的时候，不妨为客户送几件赠品，让我们的产品更加趋近完美，让客户对我们的产品评价更高。

3. 优质服务

我们在销售产品的时候，往往会送给客户一些附带的基本服务。但是这些服务只能为客户提供基本的便利，并不能让客户真正做到什么都不用管，只要付款就好了。如果我们能多给客户一些承诺，为客户提供最全面、最贴心的服务，那么客户也会将心里的天平朝着成交的方向倾斜。

但是，调味料毕竟只是调味料，主菜永远是我们的产品。我们想用调味料让客户心中的天平朝着成交的方向倾斜，但是不能将调味料当成压倒天平的主要重量。或许有些客户会被大幅度的折扣和数量众多的精美赠品，或者是极其便利的一站式服务和售后服务所迷惑，因为调味料购买了产品。但是客户到最后也会因为看透了调味料的本质而后悔。客户一旦后悔，就会影响我们产品的口碑，甚至会导致我们少了一个长期客户和无数的潜在客户。

分析损失，向客户说明“不买”的遗憾

我们一直在强调“客户对产品有需求”是多么的重要，也分析过客户购买产品的两种动机。那么，当两者结合起来的时候，我们就能够明确地得知，客户在购买了产品以后能够得到什么，如果客户不购买产品就会失去什么。一旦客户在马上成交的关键时刻退缩了，摇摆了，我们就可以通过向客户传递这些痛点，让客户知道不买产品究竟有多么的遗憾。

有一句话说得好，没有对比就没有伤害。想让客户觉得不买我们的产品是遗憾的，那么就必须让客户知道拥有我们的产品是有很多好处的。只有客户体会到了购买产品的一些好处，而一旦错过购买时机时会有多么的痛苦，才会下决心购买产品。

某售楼处的销售人员接待了一对年轻夫妻。这对夫妻刚刚结婚，要为生孩子做一些准备。如果将来有了孩子，原来的公寓显然是不够住的，所以两人打算来这个楼盘看看，是否能购买一套中意的新房。

夫妻二人虽然在购房这件事情上有过沟通，但妻子的购房欲望显然比丈夫要强烈得多。妻子一直在向销售人员询问关于小区物业和新房取暖的各种问题。而丈夫显得不怎么说话，似乎一副心事重重的模样。

销售人员看出了丈夫对于是否购买新房还存在一些犹豫，于是就为他们描述买下这套新房后一家三口的幸福场景："如果你们买下了这套房子，那么生活将会变得截然不同。宽敞的空间能够让你们摆放更多的物品，让你们对'家庭'这两个字理解得更加深刻。早一点儿要一个孩子，也能让夫妻之间的关系更加紧密。特别是先生你，试想一下，当你忙了一天的工作，回到家里的时候，可爱的孩子拿着拖鞋前来欢迎你，你的妻子正在明亮的厨房里为一家人准备可口的晚餐。如果你们喜欢宠物的话，还可以在宽敞的阳台饲养可爱的宠物。当你回到家以后，不管这一天的工作是多么的劳累，都会觉得这一切都是值得的。小区里有宽敞的文体广场、有健身器材和小花园。等孩子稍微长大一点儿，可以去花园和广场玩耍，不必出小区。这大大地降低了孩子遭遇危险的概率。晚餐以后，一家三口去小区花园散步。大面积的绿色植物让您不必走出小区就能呼吸到新鲜空气。即便你想要遛狗也只要下楼就能完成。虽然购买一套新房会花掉你多年的积蓄，但是只要想一想它能为你带来什么，你就会觉得这一切都是十分值得的。"

销售人员的话为丈夫描绘了一个美好的家庭远景，促使丈夫下定了决心，买下了这套新的房子。

很多销售员都明白，要让客户下定决心购买产品，那就必须让客户舍不得错过这个难得的购买机会，让客户知道不买就会损失很多。但是一些销售员使用的方法并不正确。告诉客户产品正在打折，告诉客户这段时间产品正在做活动，虽然这些促销活动也可以成为左右成交天平的砝码，但是距离一锤定音还差得很远。想让客户真正感受到不忍失去这个购买机会，销售员就要从以下几个方面着手。

1. 让客户知道他现在的生活有多么的不方便，而产品能够给他带来多大的方便。

便利性是很多人在具有一定的经济条件后才开始追求的。这可以说是一个分水岭，即人们从一个还要拼命奋斗以保证生活的阶段来到可以开始享受奋斗成果的阶段。这样的客户往往在消费这件事情上更加谨慎，往往需要更多的思考与权衡才能下定决心。

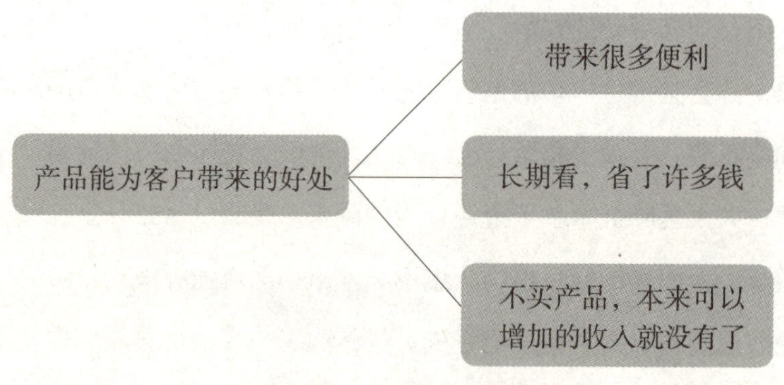

图 10.5　买到就是赚到

想让这样的客户下定决心，就必须让他知道买了产品以后会得到多少便利，而条件和他差不多的其他人已经享受了怎样的便利。这样做，一方面可以激起客户对美好生活的渴望，另一方面可以暗示客户这样的消费并没有超过消费水平的平均线，大家都这样做。这样客户才会减轻心理压力，减少心理负担，大胆地购买自己想要的产品。

2. 让客户知道购买我们的产品虽然短期内要花不少钱，但是从长期来看能省钱。

很多东西都是如此，看似很不划算，但是一经计算就能得知，如果长期使用就能够帮助客户节省一笔开支。客户在不认真计算的情况下是不可能知道这件事情的，甚至知道了也不觉得能够给自己造成多大的损失。

但是如果我们能够换一个类比的方式，将金额变成实物就会产生更大的冲击力。例如，你每年吸烟要花掉 5000 元。这句话的冲击力就显得不那么大。因为与 1 年的时间相比，5000 元并不算什么惊人的数字。但是如果我们将 5000 元换成人们心目当中某些价值不菲的商品，比如，你每年吸烟要烧掉一台 iPhone，那么冲击力就要大得多。通过这样的计算和类比，让客户对损失的认知变得更加明确，也就会更倾向于购买产品了。

3. 让客户切实地知道，不购买产品真的会有损失。

什么叫损失？是原本拥有的资产变少了才叫损失吗？并不是。**损失不仅是当前的资产减少、缩水，更是可以用来表现原本你可以拥有，但是却没能拥有的东西。**

很多产品是可以用于再生产的，也有很多产品是可以提高生产力的。客户觉得购买我们的产品会产生更多的支出，但是我们可以告诉客户，如果用我们的产品就可以增加自己的收入。那么，如果不用我们的产品呢？

本来可以增加的收入就没有了，这对于客户来说同样是无法接受的损失。

当台湾首富郭台铭开始大量使用机器人在富士康进行流水线作业的时候，不少人都觉得无法理解。机器人的造价那么高，一台机器人的价格相当于普通工人几年的工资。这笔开支真的值得吗？显然是值得的。因为机器人不需要太多的休息。机器人只需要定期的维护和替换配件。机器人没有频繁的人事变动。机器人相比普通工人更加高效、稳定。这些机器人能够为富士康带来的收益是不可估量的，是普通工人所无法比拟的。郭台铭之所以选择用造价高昂的机器人代替普通工人，正是因为在生产的过程中可以赚取更大的利润。从长期来看，这是一笔非常划算的买卖。

只要我们推荐的产品是客户需要的，是能为客户带来好处的，那么客户选择不买的时候就必然会有损失。在这之前，我们要做的就是让客户知道我们产品的好处，让客户知道我们的产品能为客户带来多少便利，以此提高客户对产品的期望。一旦客户开始犹豫，开始产生放弃购买产品的想法，那么就会产生巨大的心理落差，这就为我们挽回客户创造了非常有利的条件。

可以为产品造势，给客户制造一点儿紧迫感

客户不购买产品有很多种原因，其中一种非常常见的原因是客户不能

确定自己是否应该购买产品。那么，最安全的选择是什么呢？当然是选择不购买，将钱稳稳地放在自己的口袋里，等到自己真的发现迫切需要产品的时候再选择购买也是来得及的。

客户缺少紧迫感，不愿意在当下立刻成交，这是销售人员最不愿意看到的情况之一。这种情况不是客户不对，也不是产品不对，也不是产品不适合客户，只是客户遇到产品的时间不对。我们很难在这种情况下运用话术说服客户，唯一的出路就是**增加客户的紧迫感**，让客户知道，机不可失，时不再来。

让客户产生紧迫感，核心在于让客户知道，这款产品不是像他所想的那样什么时候购买都可以。如果错过了这次机会，那么就可能买不到了。在这个基础上，我们要用不同的方式对不同的客户施加压力，以求达到最好的效果。

对于经济方面比较敏感的客户，我们就要**从经济方面为客户制造紧张感**。让客户知道，产品价格不是一成不变的，而且我们的产品是很受欢迎的。一旦我们的这一批产品卖完了，那么新产品将会在性能上有所提升，并且价格也会有一定幅度的提高。

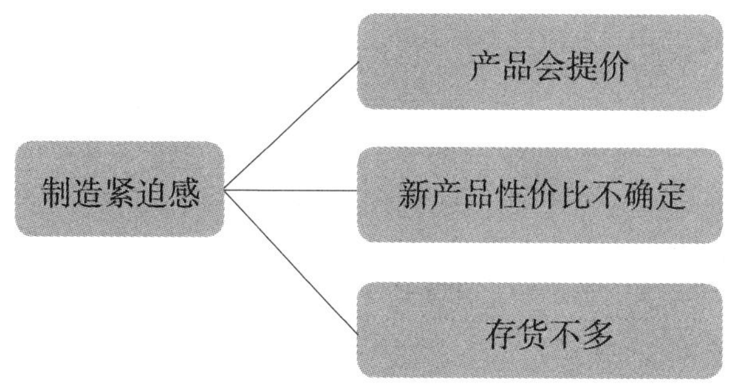

图 10.6　制造紧迫感

但是新产品在性能上会有多少提升，会有大幅度的改进吗？这是客户所不能确定的。如果不是电子产品，如果不是客户对产品的了解精确到每项材料和工艺的参数，那么客户并不能确切地知道所谓改进是性能真的有大幅度的提升，还是厂商为了提价而找的借口。但是提价却是实实在在的。一旦提价，现有产品的性价比就有可能降低。那么，与其等着购买充满不确定性的新产品，倒不如先买现在的产品，这样才是最稳妥、最安全、最实际的选择。

有些客户在经济方面并不紧张，但是在时间上却非常紧张。这种客户如果购买产品时产生了犹豫，那么很有可能在短时间内就做出了放弃购买产品的打算。因为此类客户如果没能在第一时间购买产品，一旦急需产品时，情绪就会陷入焦虑当中，会使得自己源源不断地产生压力。但是销售员此时又不在他们身边，于是客户会因此萌生后悔的想法。种种的负面情绪堆积在一起，会为客户带来很多的痛苦。这种痛苦，只有在彻底地满足需求，或者彻底地断绝购买产品的想法后才会消失。

我们想让这种客户购买产品，那就必须在第一时间增加他们的压力和紧迫感，让他们的压力和紧迫感在离开之前就达到一定的阈值，促使他们改变想法，做出立刻购买产品的决定。

我们可以告诉客户，所剩的产品已经不多了，而且距离下次到货还需要几天的时间。这样就会增加客户的压力。如果客户当下不马上购买产品的话，即便是很快改变主意，可能也要几天以后才能买到。这样就可以给客户制造一种紧迫感，让客户的焦虑情绪提前到来。此时，客户往往会当机立断，决定是否购买产品。不管结果如何，对我们来说也是能够接受的。销售员与客户一别两宽，销售员不必懊恼遇到了这样一位难以说服的客户，而客户也不必纠结于到底要不要购买产品。

有些客户对产品的数量是有着严格要求的。特别是一些消耗品，不少客户在购买的时候甚至会抱着多多益善的想法。我们想要满足这类客户，可以从价格和数量两方面一起着手。可以让客户知道，我们的产品所剩无几，甚至还有客户表示明天就要来购买一批。另外，告诉客户由于产品所剩无几，如果客户愿意一起买下所有产品，我们可以给他一个优惠价。这样一来，既能增加客户的紧迫感，又能让客户享受多买多得的优惠，促使客户下定决心购买产品。

针对不同的客户要有不同的应对策略和方法，因为不同客户的紧迫感来源并不一样。客户为什么会犹豫？为什么不买又表现出想买的样子？只有找准了其中的原因，我们才能针对客户的心理，制订让客户改变内心想法的策略。

客户疯狂杀价，我们也有底线原则

杀价在商业活动中是一种极其正常的行为。虽然销售员往往会因为这样的客户头疼，但是交易是一种双方自愿的行为，如果销售员不愿意成交，客户也不会强迫你。面对客户的疯狂杀价，我们自然不能被客户控制，完全听从客户的要求，给出客户想要的价格。但是我们也需要知道，客户疯狂杀价的理由是什么。一旦我们理解了客户疯狂杀价背后的动机，应对时就容易多了。

客户不依不饶地疯狂杀价，其中最常见的原因就是客户在购买产品之前已经做过调查。自古以来，人们在购买产品之前就喜欢货比三家。每家的产品都不一样，每家的定价也不甚相同。客户总是要找到最符合自己心意的产品和价格才会决定购买。

但是货比三家经常会出现一个问题，那就是价格与产品不能达成一致。A家的产品质量最好，B家的产品价格最低，而到了你这里以后，客户既想要A的产品质量，又想要B的价格。你拿出A的质量，价格却要比B贵一些，客户就不满意了。凭什么都是差不多的产品，你的要贵一些？不就是稍微好了一点儿吗？

稍微好了一点儿，就是贵的道理。任何行业想要取得进步都不是一件容易的事情。俗语说得好，最难的就是百尺竿头更进一步。虽然只是稍微好一点儿，但是这一点儿却是要付出十倍甚至百倍的努力才能做到。当然，如果客户不在乎这稍微好一点儿的产品，那么就会直接购买B产品，而不是在这里杀价了。

面对这样的客户，我们要让他明白，**产品的价格是由价值决定的。**我们的产品虽然只好了一点儿，但是这一点儿在市场上就能起到无可替代的作用。而且，为了比别的产品好一点儿，为了这一点儿的进步，我们付出了更多的成本。如果客户想要享受更好的产品，那就要知道，他看上的产品绝对值这个价格。如果客户还是对此不依不饶，那不妨为客户推荐低端产品，让客户明白我们的产品究竟贵在了什么地方。

客户不依不饶地砍价，还有些时候是因为他的诉求没有得到满足。我们在做销售的时候，经常要面对不同的客户。有些客户甚至没有与我们直接接触过，而是从其他客户那里获悉了我们的产品。

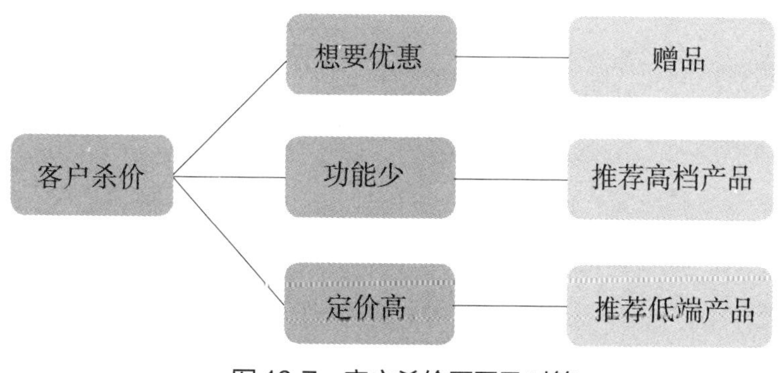

图 10.7　客户杀价原因及对策

我们有怎样的销售策略，有怎样的底限，有怎样的优惠，此类客户都是一清二楚的。那么，当我们给出的价格，给出的条件，给出的优惠与他了解到的有所不同的时候，客户的心理就会产生落差。因为他花了同样的钱，得到的却比别人的少，心里自然不会满意。

这样的客户并不是在盲目地杀价。他的主要目的也不是为了杀价，而是为了得到和其他客户同等的优惠。因此，在杀价的过程中，客户会不断地旁敲侧击，给销售人员提示。销售人员只要听到“在朋友那里看见”“从别人那里知道”“我听说你们这里”等关键词语的时候，就应该明白对方是有备而来。这是一位洞悉了我们的底线在哪里的客户。这个时候我们只要给客户同样的优惠，客户就会停止杀价。

还有些客户疯狂杀价，只是因为他觉得这款产品和他之前用的差不多，目前的定价太高，他不能接受。世界上哪有完全一样的产品呢？我们的产品贵自然有贵的道理。客户放弃了之前使用过的产品，而选择了我们的产品，必然有其深层次的原因。这个原因就是客户的痛点，也是我们要抓住的点。

一旦我们知道了这个点，就能够告诉客户，因为我们的产品在这一方面比你之前用的产品更好，所以你才想购买我们的产品，不是吗？我们的产品更好，显然有着更高的价值，难道不应该卖出一个更高的价格吗？一分钱一分货，这应该是人人都懂的道理。对于这样的客户，销售员只要能够证明我们的产品值得更高的价格就可以了。至于客户最后做什么决定，只有客户自己的钱包能左右。

每个销售人员都会遇到杀价的客户。客户使用的方法不同，出发点不同，能够接受的说法也不同。但不管是怎样的客户，不管怎样杀价，我们都不能一直退缩。作为一名销售员，**在产品价格上要守住底线**。因为产品不是我们自己的私有物品，而是厂商的。

如果招架不住客户的杀价，就会损害厂商的利益。这违背了一个销售人员的基本职责。当你做出让步的时候，其他销售人员也会因为你的让步而深受困扰，而你更会被络绎不绝地前来砍价的客户搞得不厌其烦。所以不管客户的杀价如何凶狠，你都要守住自己的底线，不可退让一步。